Liebe Leserinnen, liebe Leser,

ich freue mich von Herzen, euch in dieser dritten Ausgabe unseres TYPEFACES Magazins 15 neue großartige Künstler* präsentieren zu dürfen. Sie verkörpern, wie jedes Mal, ganz unterschiedliche Stilrichtungen wie Techniken und sorgen mit ihren zahlreichen Werken für Inspiration.

Es erfüllt mich mit großer Dankbarkeit, dass TYPEFACES inzwischen mehr als nur ein passender Begriff für unser Magazin ist. TYPEFACES steht für ein Gefühl der Zusammengehörigkeit, für gegenseitiges Unterstützen und Anfeuern, für kreative Vielfalt und mutige Schritte.

Und genau so einen mutigen Schritt planen wir für das kommende Jahr 2022: Wir wollen die TYPEFACES Agentur gründen. Wie, warum und für wen – all diese Fragen beantworte ich euch im Artikel auf Seite 30. Wir stehen noch ganz am Anfang dieser Reise, aber es fühlt sich nach genau dem richtigen nächsten Schritt für uns an.

Was ist dein nächster Schritt? Vielleicht bist du stiller Zuschauer oder interessierter Leser, spürst in dir aber den Wunsch oder das Verlangen auch aktiver Teil der TYPEFACES Community zu werden? Vielleicht stehst du ganz am Anfang deiner kreativen Selbstständigkeit oder hast gerade begonnen, diesen Traum überhaupt zuzulassen. Vielleicht ist dein Kopf voller Fragen und ungelöster Probleme oder voller Antworten, Erkenntnissen und Ideen, die raus wollen. Wie es auch ist, ich freue mich, dass du ein Teil der Community bist und lade dich herzlich ein, die nächsten 109 Seiten auf dich wirken zu lassen und das mitzunehmen, was du gerade brauchst. Sei es Inspiration, Motivation, eine kreative Idee oder Antworten auf deine Fragen.

Nimm dir Zeit, leg dein Handy weg und gönne dir ein paar achtsame & kreative Momente mit dieser TYPEFACES Ausgabe.

* Aus Gründen der besseren Lesbarkeit verzichten wir auf das Gendern. Selbstverständlich dürfen sich im ganzen Magazin sowohl Frauen, als auch Männer angesprochen fühlen.

Talents

inspire

Wegweiser

Damit du auf einen Blick erfassen kannst, welche Leistungen ein Künstler anbietet, haben wir ein Icon-System eingeführt. Nachfolgend findest du die Legende mit der Bedeutung der einzelnen Symbole.

Icons auf den Künstlerprofilen

Hat einen eigenen Onlineshop

Bietet Workshops und Events an

Bietet Grafik-/Medien-/Webdesign an

Gestaltet Large Scale Letterings

Verkauft eigene Papeterie/bietet Individualisierungen an

Die Icons, die jeweils zutreffen, sind in den Künstlerprofilen mit einem farbigen Klecks unterlegt. Folge den Künstlern doch gerne auf Instagram und lass ihnen ein bisschen Wertschätzung für ihre Kunstwerke da, wenn sie dir gefallen.

QR Codes

QR-Codes findest du an verschiedenen Stellen im Magazin. Sie führen dich zu weiterführenden Inhalten, Videos oder einer Podcastfolge mit dem jeweiligen Künstler.

Hints&Kunst – Der Podcast

Im Podcast trifft Katharina Hailom, auf Gesprächspartner aus der kreativen Business-Branche. Ob Mom-Bosses, Content Creator oder Creative Minds: Hier geht es um interessante Lebensläufe, Personal Brands und Themen rund um die kreative Selbstständigkeit. An einigen Stellen sind Podcastfolgen via QR-Code im Magazin verknüpft. Klick dich rein, wenn du einen Blick hinter die Kulissen werfen und mehr über die Künstler erfahren möchtest.

Hints & Kunst | www.hintsundkunst.de
hk
WINSOR & NEWTON
Lettering Soultime
Deine Materialbox für eine kreative Auszeit!
WINSOR & NEWTON
Lettering Soultime
Mit Liebe gestaltet von
Hints & Kunst
WATERCOLOUR BRUSHMARKER
MIT ECHTEN FARBPIGMENTEN
AUSSERDEM ENTHALTEN:
1 AQUARELLPAPIER BLOCK DIN A4
1 STICKERBOGEN
1 STUNDE WORKSHOP
MIT HINTS&KUNST
WASSERFESTER
FINELINER
WINSOR & NEWTON
promarker watercolour
EXKLUSIV & LIMITIERT BEI
IDEE. DER CREATIVMARKT
ERHÄLTLICH
idee.
der creativmarkt
Anzeige

Die Creative Journey

Interview mit Samy Löwe

Samy Löwe ist 25 Jahre alt und selbstständig als Digital Artist.

Wie sieht dein Creative Business als Digital Artist aus, Samy?

Bei mir dreht sich alles um das Thema „Digital Art“ und Design. Ich fertige selbst Illustrationswelten auf dem iPad für Kunden an, arbeite an Kooperationen auf unseren Social Media Kanälen und bringe meiner Community mit verschiedenen Online-Kursen das Zeichnen und Illustrieren bei. Dabei bin super froh, dass ich drei Mitarbeiter habe, die mich kreativ unterstützen und mir bei der Umsetzung helfen.

Was motiviert dich, täglich kreativ zu sein?

Am meisten treibt mich die Neugier an. Ich entdecke immer wieder neue Ideen, die ich super spannend finde und die mich so lange wach halten, dass ich sie einfach ausprobieren muss. Wir leben zudem in einer großartigen Zeit, da alles möglich ist. Unser Smartphone ist das Tor zu einer riesigen Welt, die wir mit unseren Ideen bereichern und verbessern können. Das kann durch Kreativität und Inspiration sein, wie aktuell bei meiner Personal Brand, oder durch den Aufbau nachhaltiger und sinnstiftender Unternehmen. Es ist alles in unserer Hosentasche und fühlt sich so greifbar nah an, das treibt mich an.

Was war der größte Gamechanger auf deiner kreativen Reise?

Zu verstehen, dass ich selbst mehr bewegen kann, als ich anfangs dachte. Ich war zu Beginn meiner

Selbstständigkeit und auch zur Uni- oder Schulzeit oft so abgelenkt von Systemen, Unternehmen und anderen Menschen, dass ich manchmal vergessen habe, wie viel ich eigentlich in der eigenen Hand habe. Man kommt auf die Welt und sprudelt nur so vor Ideen und Interesse. Man lernt laufen, erkundet immer mehr und irgendwann beginnt man sich anzupassen. Ich möchte ungern wie ein LinkedIn Coach klingen oder mit Buzzwords wie „Mindset" oder „Glaubenssatz" um mich werfen, aber dein Kopf und wie du mit deinen eigenen Gedanken und Ideen umgehst, ist das wichtigste. Wenn du eine Idee hast, die du gerne umsetzen möchtest und dir etwas bedeutet, dann kannst du das mit deiner eigenen Kraft tun. Das zu verstehen und für mich zu entdecken, war für mich der größte Gamechanger.

Wie schaffst du es, ständig neue Illustrationen zu kreieren?

Ich sehe jeden Tag neue Illustrationen auf Instagram, höre eine interessante Line in einem Song oder sehe Menschen mit einem freshen Style auf der Straße. Ich kann gar nicht anders, als diese Impulse zu verarbeiten oder zu teilen. Dafür habe ich mit der Illustration einen tollen Weg gefunden, der mir sehr gut liegt. Das war aber auch nicht immer so und man steigert sich von Tag zu Tag und von Woche zu Woche. Aktuell arbeite ich mindestens sechs Tage in der Woche an meinen Ideen und kann deshalb auch deutlich mehr kreieren und zeichnen.

Welchen Fehler machen viele Kreative deiner Meinung nach?

Eine sehr schwere Frage, da Fehler super wichtig sind in der Kreativität und zur Verbesserung beitragen. Ich sehe aber trotzdem sehr viele Kreative, denen es an Fokus fehlt. Wenn du etwas wirklich möchtest und du Zeit investierst, dann wirst du dich fast zwangsläufig weiterentwickeln.Wenn du dir ein Jahr Zeit nimmst und fokussiert arbeitest, dann kannst du dir den Instagram Account, deine Selbstständigkeit oder deine Skills aufbauen. Vielleicht bist du nicht genau dort herauskommen, wo du anfangs dachtest, aber du wirst einen großen Schritt gemacht haben. Manchmal macht es mich traurig, dass es so viele Ideen und Wünsche gibt, aber so wenige Menschen, die den Mut haben, den Weg auch zu gehen. Den Fokus auf eine Sache zu richten erfordert gleichzeitig auch die Reduktion anderer Dinge und daran scheitert es oft.

Ist Kreativität erlernbar?

Auf jeden Fall! In den vergangenen Monaten habe ich mich mehr mit Psychologie und dem Aufbau unseres Denkens befasst und bin total fasziniert. Für mich ist Kreativität keine Gabe und kein Talent, welches man hat oder nicht. Es ist eine Art zu denken, die nicht linear verläuft. Es geht darum, wild Dinge zu kombinieren, zu verwerfen, Fehler zuzulassen und einen kontrollierbaren Zufall in den Prozess einzubauen. Also genau die Dinge, die wir in der Regel abtrainiert bekommen. Wenn ich selbst kreativer werden möchte, dann kann ich diese Denkweise bzw. diesen Prozess üben und beliebig anwenden. Mit der Zeit wird sich der Kopf dieses Denkmuster aneignen, davon bin ich überzeugt.

Kommunikation, echtem Austausch und Social Media. In fünf Minuten hat jeder einen TikTok oder Instagram Account und kann loslegen. Das ist einfach magisch und sorgt dafür, dass man kein Boomer mit einem Netzwerk sein muss, sondern heute starten kann. Egal wie alt du bist, welche Hautfarbe du hast, welches Geschlecht oder was dich persönlich ausmacht. Du kannst deine Geschichte erzählen und so andere inspirieren, dein Business bauen und die Welt ein Stück besser machen. Und das ist nicht mal romantisiert, sondern einfach die Realität.

In einem Podcastgespräch hat Samy noch mehr Impulse zum Thema Kreative Weiterentwicklung gegeben.

Was empfiehlst du anderen, die sich kreativ weiterentwickeln wollen?

Wir sprechen über Veränderungen im Denkmuster oder wie man an Problemstellungen herangeht. Wenn man sich also selbst weiterentwickeln möchte und den Mehrwert erkennt, dann hat man eigentlich schon den größten Schritt gemacht. Danach kommt die Übung. Eine sehr einfache wäre es, aus sich nicht verändernden Umständen immer wieder neue Ergebnisse zu produzieren. Man lettert z. B. ein und dasselbe Wort auf 200 mögliche Arten und wirft dann einen Blick aufs Blatt. Es gibt nicht nur eine richtige Möglichkeit. Man kann auch versuchen, eine Banane auf 100 verschiedene Weisen zu illustrieren. Es geht dabei darum zu verstehen, dass Quantität in der Ideenfindung immer besser ist als Qualität und die erste Idee im Kopf selten die beste ist. Zudem trainiert man auch sein Handwerk und baut ein Portfolio auf. Also drei Fliegen mit einer Klappe. ●

Wo siehst du die Kreativbranche in der Zukunft?

Ich liebe es, wo sich die Kreativbranche aktuell hinentwickelt. Weg von weißen, alten Männern an den Spitzen von unantastbaren Agenturen zu mehr Chancengleichheit, Demokratie, schnellerer

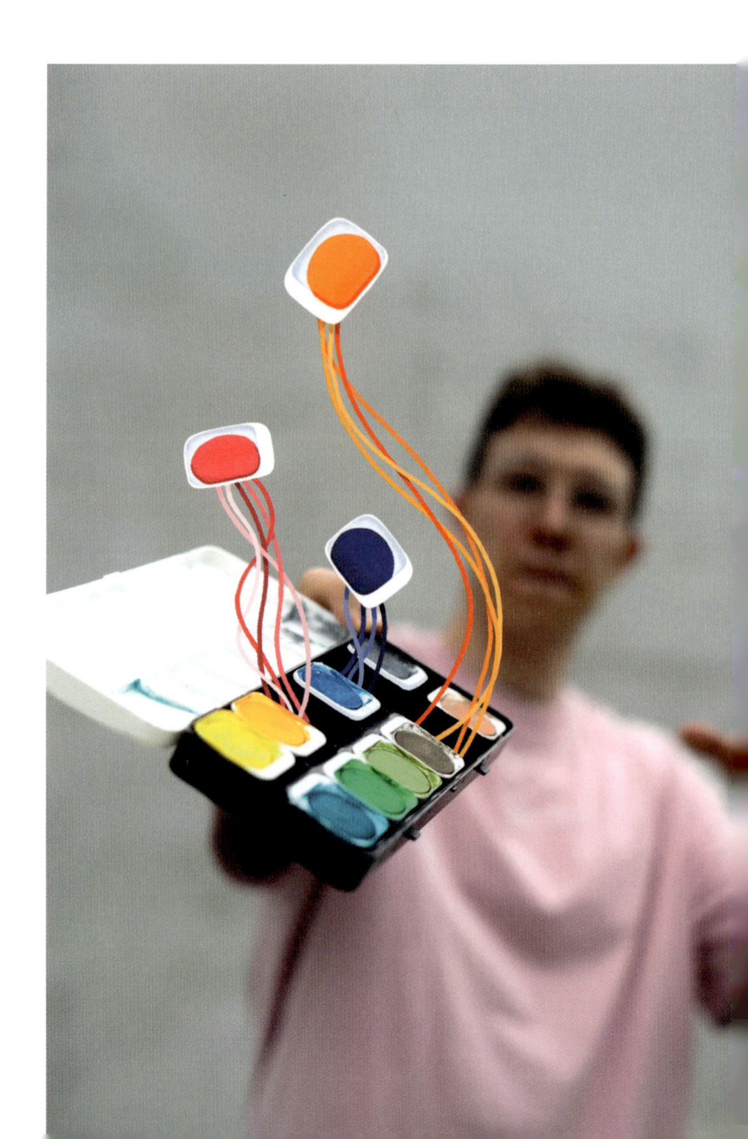

CMYK

So heißt das Farbsystem im Druck. Die Buchstaben stehen für Cyan, Magenta, Yellow und Key (= schwarz). Aus diesen vier Farben wird jeder CMYK-Farbton gemischt. Man spricht hier von einem subtraktivem Farbraum, je höher die einzelnen Farbwerte (zwischen 0 und 100), desto höher der Farbauftrag und desto dunkler das Farbergebnis.

#TYPEFACTS

So heißt das Farbsystem im digitalen Bereich, wo Farben aus Licht gebildet werden. Die Buchstaben stehen für Rot, Grün und Blau. Aus diesen drei Farben wird jeder RGB-Farbton gemischt. Man spricht hier von einem additiven Farbraum, je höher die einzelnen Farbwerte (zwischen 0 und 255), desto heller das Farbergebnis. Wenn alle drei Farben mit dem höchsten Wert 255 gemischt werden, entsteht Weiß.

RGB

Anni
Engel

@segensbringer

Flensburg

www.segensbringer.shop

Mein Lieblingsspruch

Das erste Kind der göttlichen Schönheit ist die Kunst. – Friedrich Hölderlin

Bester Ratschlag, den ich einmal bekam

Finde deinen ganz eigenen, einzigartigen Stil und schau nicht zu viel links und rechts.

Mein Traum

Ein kleines, gemütliches Künstlercafé zu führen, in dem ich meine Kunst ausstelle und Raum für Menschen mit Interesse an Aquarellmalerei und Kalligrafie bei einem exzellenten Cappuccino schaffe.

JOSUA 1,9
Dein Gott
IST BEI DIR, WOHIN DU AUCH

Grace

know
YOUR SEASON

pray
create

DAS Leben
ENDET
, doch DU
DU bist
EWIGkeit

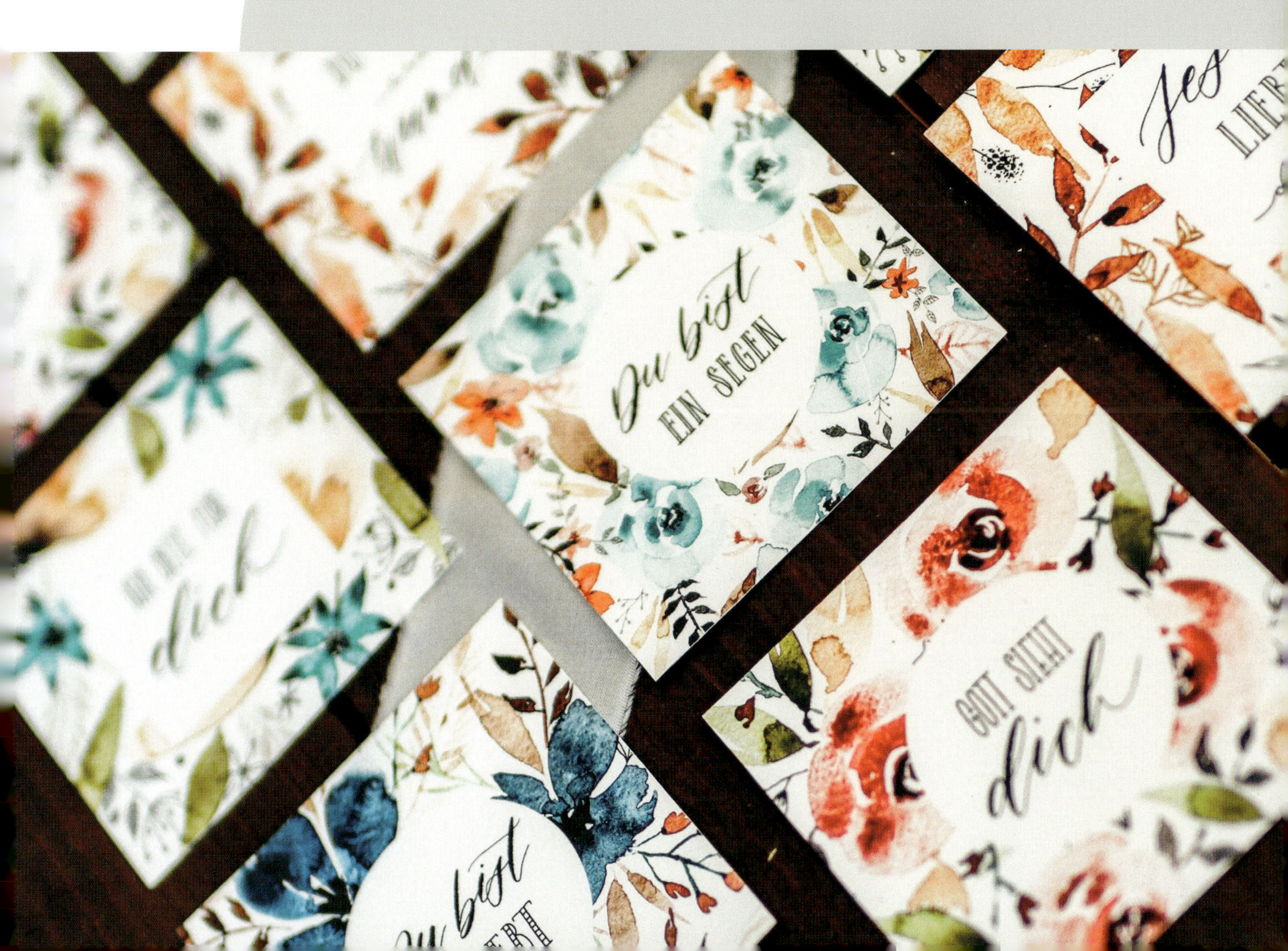
Du bist
EIN SEGEN
GOTT SIEHT
dich
dich

Maren

Kruth

@kruthdesign

Münster

www.kruthdesign.com

Bester Ratschlag, den ich einmal bekam

Bleib bei Dir.
Das hat meine Mama oft zu mir gesagt und es stimmt so sehr. Es gelingt mir nicht immer, und doch erinnere ich mich ständig daran. Bleib bei Dir, hör auf Deine innere Stimme und vertraue Deinem Bauchgefühl!

Damit habe ich mein erstes Geld im Business verdient

Mein erster Auftrag kam von einer großen Modekette, für die ich Kinder- und Baby-Pattern angefertigt habe.

Mit dem Lettern angefangen habe ich...

Ich bin keine klassische Handlettering-Künstlerin. Mein Fokus liegt eher darauf, die eigene Handschrift zu optimieren und besonders zu machen. Ich liebe es, im Alltag schön zu schreiben. Fürs richtige Lettern oder Kalligraphie bin ich viel zu ungeduldig. Bei mir muss immer alles schnell gehen.

in between goals
is a thing called
life, that has to be
lived and enjoyed.

it's not what we
have in life, but
who we have in our
life that matters.
FOR YOU

LIVE IN THE

moment

Bist du Kreativpreneur oder selbst & ständig?

Hand aufs Herz: Denkst du noch, wenn du Kreativität im Zusammenhang mit Unternehmertum und Geld hörst, sofort an die brotlose Kunst, von der alle immer reden? Auch ich musste mir vieles anhören und mit starkem Gegenwind kämpfen, als ich in meine Selbstständigkeit gestartet bin. Vielleicht bist du auch gerade an diesem Punkt und kennst Phrasen wie: „Ist eine Festanstellung nicht vielleicht besser?" oder „Na hoffentlich kommst du gut über die Runden."

„Als Kreativer in Berlin, dein Ernst?"

Fakt ist: Sie lagen alle falsch.

Ein kreatives und erfolgreiches Business als Kreativpreneur ist möglich. Und wie möglich es ist! Wie du es schaffen kannst, vom Zweifeln und ständigen Imposter Syndrom in den kreativen Flow zu kommen und dich mit deiner Kreativität zu verbinden, teile ich in diesem Artikel mit dir.

Kreativpreneur?!

Aber mal langsam. Wer oder was ist überhaupt ein Kreativpreneur?

Ein Kreativpreneur hat ein eigenes kreatives Business oder will es noch aufbauen und weiß dabei genau, was er möchte. Er ist von seiner eigenen Vision felsenfest überzeugt.

Sein "Warum" entsteht dabei niemals aus einem Mangel heraus, sondern aus einer tiefen Überzeugung und Leidenschaft. Ein Kreativpreneur lebt in purer Freude und Kreativität, strahlt genau das aus und bringt so Licht in andere Leben. Er schwingt auf einer so hohen Frequenz, dass nicht nur die richtigen Menschen und Erlebnisse ganz von allein in sein Leben kommen, sondern auch die Finanzen. Fehler sieht er außerdem nicht als Scheitern, sondern als Bereicherung und Möglichkeit zum Wachsen. Ein Kreativpreneur kennt keine Grenzen.

Sein Motto: Zielen wir nach dem Mond und verfehlen ihn, fallen wir auf die Sterne.

Text und Bilder von Maria Murnikov @mariamurnikov

Kreativität & Geld lassen sich daher vereinen. Sehr gut sogar. Denn Kreativität ist der Motor für all deine Ideen, dein persönlicher Antrieb, ständig Neues zu schöpfen und zu kreieren. Kreativität ist Leidenschaft, Feuer. Und Geld ist nichts anderes als Energie, die zu dir findet, wenn du in der richtigen Frequenz bist. Das bedeutet weitaus mehr als nine to five. Sie ist mehr als eine Gehaltserhöhung. So viel mehr als hier und da mal ein Bonus.

Diese Frequenz ist unaufhaltsam.

Und wie kommst du nun in diese Frequenz?

Es ist dein Mindset, das den entscheidenden Unterschied macht. Als Kreativpreneur denkst du nicht im Mangel. Nicht in: "unmöglich", "unwahrscheinlich" oder "niemals". Denn wer in einem Mangelbewusstsein lebt, der zieht auch immer mehr davon in sein Leben. Als Kreativpreneur siehst du stattdessen überall kreative Möglichkeiten und Lösungen. Denkst um die Ecke, erweiterst ständig deinen Horizont. Du fängst an, weitsichtiger und vielschichtiger zu blicken.

Tunnelblick? Nicht für dich! Denn als Kreativpreneur entscheidest du dich immer für Weite, Vielfalt und Fülle. Ideen und Inspirationen strömen zu dir und du fängst an größer zu denken, mehr umzusetzen und persönlich wie beruflich zu wachsen. Und genau mit dieser Energie ziehst du auch deine Traumkunden und Traumprojekte an.

Der Zugang zu deiner Kreativität

Hast du dich mal gefragt, was Kreativität für dich bedeutet? Für manche ist Kreativität tatsächlich nur ein Hobby. Etwas, das man nebenbei macht. Etwas, das man hier und da mal ausprobiert. Vielleicht hast du aus deiner Kreativität schon einen Beruf gemacht. Vielleicht ist sie für dich auch etwas sehr, sehr Abstraktes. Farben, Muster, Formen, Erinnerungsfetzen, die dann ein großes Ganzes ergeben. Jeder versteht und assoziiert etwas anderes mit Kreativität.

Wenn du mich fragst, dann hat Kreativität einen viel tieferen Sinn und eine existenzielle Bedeutung. Kreativität ist mein bewusster Lebensstil geworden. Mit seiner Kreativität in Verbindung zu sein, bedeutet, selbstbestimmt und erfüllt zu leben, in Freiheit und Ausgeglichenheit. Ein kreatives Leben ist ein glückliches und intuitives Leben in Leichtigkeit. Im Flow. Und Kreativität ermöglicht, im Einklang mit dem Leben zu sein. Im Moment zu sein, ihn zu genießen und diesen Fluss des Lebens zuzulassen. Loszulassen, aber auch gleichzeitig zu vertrauen. Denn sobald du dich mit deiner Kreativität verbunden hast, wirst du merken, dass du immer stärker und gefestigter wirst. Du fühlst dich immer mehr geerdet in dir.

Wenn du herausgefunden hast, was Kreativität für dich persönlich bedeutet, dann kannst du sie entfesseln und lebst selbstbestimmt und sinnerfüllt.

In Freiheit und Ausgeglichenheit. Und ja, natürlich wirst du trotzdem noch Zweifel und Sorgen spüren (Imposter-Syndrom lässt grüßen!), aber eins verspreche ich dir:

Du wirst in dieser Energie innerlich so leuchten, dass du die Zweifel besser kontrollieren kannst.

> Kreativität ist wie ein Muskel, wenn du an ihm arbeitest – wächst er.

Lass dich also darauf ein!

In diesem Sinne: Go get it!

Ich glaub an dich!

Mein gesamtes Learning habe ich für dich im Kreativguide zusammengefasst: Ein umfangreiches E-Book mit Video- und Audiomaterial, Workbooks & Praxisanleitungen. Ein Step-by-Step-Guide, wie du Schritt für Schritt ein Leben in Kreativität, Leichtigkeit & Sinn erschaffst und wieder zurück zu deiner Kreativität findest. Bestelle dir deinen Kreativguide jetzt vor und erhalte ihn zu einem vergünstigten Preis mit zusätzlichen, exklusiven Boni & einer gemeinsamen Session zu einer Buchlesung mit Q&A on top!

Hier kannst du den Kreativguide vorbestellen. Er erscheint am 30.11.2021.

Über

Maria Murnikov

www.mariamurnikov.com

Maria leitet eine eigene Textagentur in Berlin, mit der sie Unternehmen darin unterstützt, ihre einzigartige Brand Voice zu finden und gemeinsam mit ihrem Team das neue Messaging in der Contenterstellung umsetzt. In ihrem "Kreativpreneur" Podcast und als Business Mentorin für kreative Selbstständige motiviert sie Kreative, ein erfolgreiches, kreatives Business zu starten.

Höre in ihre spannenden Podcastfolgen rein und lass dich von Maria inspirieren.

Anzeige
PAPIER
DIREKT
Brillante Papiere für
brillante Ideen
Der Onlineshop für Papierliebhaber
Dich erwarten feine Papiere, Karten und Briefumschläge, die Dein Papierliebhaberherz garantiert höher schlagen lassen.
Vom puren skandinavischen Stil bis hin zu funkelnden Metallic-Highlights findest Du bei uns sicher das richtige Material für Deine Weihnachtsideen.
Adventszeit ist Kreativzeit
Entdecke unsere
Weihnachtsinspirationen!
@papierdirekt #lieblingspapier
www.papierdirekt.de

Luzi
Engelfried-Hornek

@kreativakademie

Esslingen am Neckar

www.kreativ-akademie.com

Damit habe ich mein erstes Geld im Business verdient

Mein erster bezahlter Auftrag war eine individuell gestaltete Hochzeitspapeterie, die mit handgeschriebener Kalligrafie und gegossenem Siegelstempel veredelt wurde.

Bester Ratschlag, den ich einmal bekam

Gestalte dein Leben entsprechend deiner Ressourcen, Stärken und Leidenschaften.

Das ist meine Vision

Als Erwachsenenpädagogin ist es mir wichtig, Menschen bei ihrer persönlichen Entwicklung zu begleiten und ihnen einen Rahmen zu bieten, in dem sie sich selbst entfalten können. Persönliche Kreativität ist ein Teil davon, die ich z. B. mit meinen Workshops fördern möchte.

aurora

SCHRIFTZÜGE
merry
bright
very
merry
merry & bright

Spring
IS
COMING
#malenmitangieundluti

Thankful
HORADAM AQUARELL
Tombow ABT 992
SAVE THE DATE
Jendrik und Ava
05 | September | 2020
Tulpenweg 7
24257 Hohenfelde

371
love
love
love
you are so special

Stefan
Kunz

@stefankunz

Zürich

www.stefankunz.com

Damit habe ich mein erstes Geld im Business verdient

T-Shirt-Design für einen Kunden. Das ist das, woran ich mich erinnern kann.

Mit dem Lettern angefangen habe ich...

Die ersten Stücke in 2014. Erst Ende 2015, als ich gekündigt hatte, bin ich durchgestartet und habe mich rasch weiterentwickelt. 2017 fiel die Entscheidung, mich nur noch darauf zu konzentrieren.

Wenn ich mir ein anderes Talent aussuchen dürfte...

Storytelling. Ich glaube, nichts packt Menschen mehr als gutes Storytelling.

Im Podcastgespräch erzählt Stefan von seinem Werdegang und gibt spannende Einblicke in seine Arbeit.

Best of Switzerland
HOME
NOW & THEN
CUSTOMS
Quality
punctuality
TRADITION
STABILITY
INNOVATION
Cleanliness
Experience
SAFETY
DILIGENCE
Values
Precision
ENTDECKEN SIE DIE WELT DER SCHWEIZER PRODUKTE & BRANDS
VOR DEM ABFLUG
FLUGHAFENZÜRICH

LET
THE
KING
OF
MY
Heart
BE THE
WIND
INSIDE
MY
SAILS

Think
Outside
THE
BOX

COLLECT
Moments
NOT
THINGS
TO
TRAVEL
Light

HOPE
STAFF

CHANGE THE WORLD
START
WITH
Coffee

Jose
Danny
Nancy
KRISTEL
HEARTY
Luis

PSALM 116 I Love THE LORD BECAUSE HE HAS Heard MY VOICE I WILL CALL on HIM AS Long AS I live I pray DELIVER MY Soul GRACIOUS IS THE Lord HE SAVED ME RETURN TO Rest
Psalm 118 GIVE THANKS TO THE Lord FOR HE IS GOOD and HIS Love ENDURES FOREVER Out OF MY Distress I CALLED ON The LORD HE ANSWERED & Set ME FREE HE IS ON MY SIDE I WILL NOT FEAR

Die TYPEFACES Agentur

Wir wagen etwas Neues! – Ein Blick hinter die Kulissen von Hints & Kunst

Wo wollen wir hin? Diese Frage stellen wir, Anna & ich, uns seit Anfang 2021 regelmäßig. Was macht uns aus? Worin liegen unsere spezifischen Stärken und für welche Art von Projekten schlägt unser Herz besonders?

Hints & Kunst habe ich, Katharina, 2017 mit dem Ziel gegründet, eine Marke für Papeterie und schöne Dinge aufzubauen. Seitdem ist viel passiert, nichts davon war damals vorhersehbar und die Marschrichtung hat sich mehrmals geändert. Nicht, dass ich plötzlich etwas ganz anderes gemacht habe, aber über die Monate und Jahre habe ich immer wieder neu justiert und die Dinge für mich herauskristallisiert, die mir liegen und in denen ich aufgehe. In den ersten drei Jahren meiner kreativen Selbstständigkeit habe ich also sehr viele verschiedene Ideen, Projekte und Aufträge umgesetzt: Von eigenen Postkarten, Postern und Kalendern über Logogestaltung und Grafikdesign für Kunden, hin zu Workshops und Events auch im B2B Bereich. Ich habe fast jeden Auftrag angenommen, auch wenn ich das Gewünschte noch nie zuvor gemacht hatte.

2020 ein Jahr der Veränderungen

Im vierten Geschäftsjahr standen dann große Veränderungen an: Ich bin aus dem Homeoffice in meiner damaligen WG in meine eigenen Officeräume gezogen und habe gleichzeitig die erste Teilzeitstelle (und später dann Vollzeitstelle) für Anna geschaffen. Durch die vergrößerten Kapazitäten, sowohl in Bezug auf Lagerfläche als auch Personal, haben wir den Onlineshop ausgebaut.

Zwar war der eigentliche Plan gewesen, mein Workshopangebot zu erweitern, weil ich dafür nun endlich eigene, geeignete Räumlichkeiten hatte, aber die Pandemie zwang uns umzudenken.

Das erste TYPEFACES Magazin

Im Sommer 2020 erzählte ich Anna erstmals von meiner Idee für ein Kreativmagazin. Ihre Zweifel waren anfangs, zu Recht, sehr groß. Wodurch entsteht ein tatsächlicher Mehrwert? Können wir das finanzielle Risiko eingehen? Wie verlegt man überhaupt ein eigenes Magazin?

Dass du nun diese Zeilen liest, ist der Beweis dafür, dass wir all diese Fragen und Sorgen beseitigen konnten. Die Idee stieß auf große Begeisterung in der Kreativ-Community und wir haben uns einfach getraut, es anzugehen.

Aus der Idee, ein schönes Magazin mit großflächigen Bildern herzustellen, ist eine Plattform geworden, die Künstler wertschätzt und fördert. TYPEFACES gibt zahlreichen Personen die Möglichkeit, ihre kreative Arbeit zu präsentieren, sich mit Gleichgesinnten zu verknüpfen und sich selbst weiterzubilden. Außerdem bietet es Unternehmen die Möglichkeit, neue kreative Gesichter zu entdecken und für zukünftige Projekte anzufragen.

TYPEFACES steht für kreative Inspiration, Vernetzung, Weiterbildung und persönliches Wachstum.

Der Weg geht weiter, die Vision bleibt

Im Laufe des letzten Jahres hat sich immer stärker herauskristallisiert, wofür unser Unternehmer-Herz schlägt und welches Ziel wir mit unserer Arbeit verfolgen. Das, was aus TYPEFACES geworden ist, passt so perfekt zu dem, was die Motivation hinter unserem Tun ist und daher haben wir uns auf die Suche begeben, wie wir unsere Vision noch auf andere Art und Weise umsetzen können. Das Magazin ist ein tolles Medium, aber was können wir darüber hinaus noch tun, um kreative Menschen zu fördern, sie auf ihrem Weg in die kreative Selbstständigkeit zu unterstützen und mit der geballten Kreativität, die alle TYPEFACES Künstler mitbringen, etwas Neues und Größeres zu schaffen?

Die Kreativbranche boomt

Es gibt zahlreiche großartige Künstler, sei es im Lettering oder Watercolor-/Illustrationsbereich. Einige stehen damit komplett auf eigenen Beinen, andere betreiben es neben einer Festanstellung und für viele ist es ein Hobby, das sie professionell ausüben. So viele Künstler es gibt, so viele Stile und Schwerpunkte gibt es auch. Die einen konzentrieren sich auf die Veranstaltung von Workshops, um ihr Wissen weiterzugeben. Andere arbeiten ausschließlich für Business-Kunden (B2B) und halten sich auf Instagram eher zurück. Manche gestalten besonders gerne Tafeln und Wände, andere fühlen sich mit dem Lettern auf dem iPad am wohlsten. Jeder hat eine andere Konstellation an Stärken und Vorlieben. Keiner kann ALLES sehr gut. Es gibt immer Aufträge, die einem super leicht von der Hand gehen, weil sie den Nagel auf den Kopf treffen und andere, bei denen es zäh und mühsam voran geht, weil man sich nicht in seinem Element befindet.

Wie wäre es, wenn jeder Künstler nur noch für Projekte beauftragt wird, die zu seiner individuellen Stärken-Konstellation passen und es ihm ermöglichen, voll in seinem Element zu arbeiten?

Ein weiterer Painpoint (Schmerzpunkt) ist uns im Austausch mit Künstlerkollegen häufig begegnet: Das Projektmanagement und die administrative Organisation eines Auftrags beansprucht viel Zeit und Nerven. Welche Positionen müssen im Angebot abgedeckt sein? Wie kalkuliere ich einen passenden Preis? Wie gehe ich mit Preisverhandlungen von Seiten des Kunden um? Was ist zu tun, wenn der Kunde plötzlich mehr verlangt als im Angebot abgebildet war? Welche Rolle spielt meine Reichweite auf Instagram im Hinblick auf den Preis, den ich verlangen kann? Diese und viele weitere Fragen können einem schnell schlaflose Nächte bescheren, denn man möchte auf jeden Fall professionell auftreten und doch herrscht ganz viel unausgesprochene Unsicherheit. Wie wäre es also, wenn sich der Künstler voll und ganz auf die Erbringung seiner Kreativleistung konzentrieren könnte, ohne sich von organisatorischen To Do's aufhalten zu lassen? Wenn er sich nicht darum kümmern müsste, das Angebot, ein Re-Briefing und später die Rechnung zu schreiben und somit all seine Energie in das Wesentliche stecken könnte?

Klingt gut? Dachten wir uns auch!

Deswegen gründen wir die TYPEFACES Agentur, um genau diese beiden Probleme (und wer weiß welche noch) zu lösen.

Gerne wollen wir noch mehr darüber erfahren, welche Schmerzpunkte es für Künstler gibt, die wir vielleicht noch nicht bedacht haben. Dafür haben wir eine Umfrage vorbereitet. Egal ob du selbst Kreativschaffender bist oder in einem Unternehmen arbeitest, das Kreative beauftragt – wir sind interessiert an deinen Gedanken und deiner Meinung!

Über diesen Code kommst du direkt zur Umfrage! Danke!

Urban Wonderland

DEIN KREATIVER ADVENTSKALENDER

Komm mit uns ins Urban Wonderland! Dort warten 24 Türchen voller Kreativität & Inspiration auf dich. Mini-Workshops, Vorlagen, Anleitungen und kreative Inhalte für eine unvergessliche Adventszeit!

Wir, das sind Sue & Yasmin von May & Berry und Katharina von Hints & Kunst, haben all unser kreatives Herzblut in diesen Adventskalender gesteckt und freuen uns darauf, dir damit schon vor Weihnachten eine große Freude machen zu können.

Der Adventskalender enthält überwiegend digitale Inhalte, die wunderschön verpackt in einem physischen Adventskalender aus Papier zu dir kommen. Dazu gibt es ein umfangreiches Booklet, das dich Tag für Tag durch die Übungen zu verschiedenen Handlettering & Watercolor Themen begleitet. Für die kreativen Projekte ist außerdem ein Papierkit mit hochwertigen Künstlerpapieren von Papierdirekt dabei. Darin findest du unter anderem Karten und Aquarellpapier.

INKL. BOOKLET IN A4
Urban Wonderland
DEIN KREATIVER ADVENTSKALENDER
BOOKLET IN DIN A4 MIT INHALTEN FÜR JEDEN TAG
ÜBER DEN CODE KOMMST DU DIREKT ZUM PRODUKT!
Das Besondere an unserem Adventskalender: Du brauchst nicht 24 neue Stifte & Farben zu besorgen. Welche Materialien wir empfehlen, weil wir sie selbst am liebsten verwenden, haben wir auf der Produktseite zusammengefasst. So kannst du vorher überprüfen, ob dir der ein oder andere Stift noch fehlt. Unsere zehn liebsten Stifte für den Adventskalender haben wir außerdem in einer Toolbox zusammengefasst, die du optional dazubestellen kannst.
Unser Motto ist: Arbeite mit dem, was du hast!
Sichere dir jetzt Deinen kreativen Adventskalender für 2021 – die Auflage ist limitiert!
Wir freuen uns auf die kreative Adventszeit mit dir!
Deine Sue, Yasmin und Katharina
HIER FINDEST DU DIE STIFTE-TOOLBOX
Tombow
Tombow
Anzeige

Tanja

Werner

@cube.w3

Wuppertal

www.cubew3.de

Bester Ratschlag, den ich einmal bekam

Schwimme nie mit dem Strom.

Dieser Künstler inspiriert mich

Mich inspiriert der Alltag, die Umgebung zu beobachten und mit anderen Menschen kreativ sein zu dürfen.

Meine Motivation

Jeden Tag zeichnen zu dürfen.

Sieh Tanja beim Sketchen über die Schulter.

FRIEDRICH-ENGELS-ALLEE
182

ZUERST WAS
HERZHAFTES
...
FÜR
OFF-MAN
BAUER BURGER
KAFFEE
BAUER Power
QUICHE
28
11
19
FÜR
MICH
BROKKOLI
BAUER
BAUER
BAUER

WARMER AP
KUCHEN MIT
VANILLESOS
UND SCHOKO
DAS HABE
12
10
19
STE OUTDOOR
HOP MIT DEM THEMA
ZEN. ES WAR SO SCHÖN

cube w3
WWW.CUBEW3.DE

le matisse
17.07. Le Touquet
PIZZA
RUE
DE
METZ
Intermarché
INTERMARCHÉ
AMNEVILLE
De Dijon
majo
LA
MAYONN
DE DIJ
AMO
CAP
BLANC
NEZ
le touquet paris plage
Carrefour
market
CARREFOUR MARKET FLOR
RAYER

KRAKAUER
CRÊPES
REMSCHEIDER
WEIHNACHTSMARKT
KINDERPUNSCH &
EISLAUFBAHN
DESSERT

hohes C
PLUS
Eisen

ROYAL TALENS
NEU: CARRIE´S KREATIVBOX
Die Box mit Online-Malkurs für Deine kreative Me-Time
WATER-COLOUR BOHEMIAN FLORALS
Inkl. Online-Malkurs
Erfahre mehr im Trailer auf der Rückseite!
Carrie's
KREATIVBOX BY ROYAL TALENS
BOHEMIAN FLORALS
Deine Rundum-sorglos-Box zum Kreativwerden mit allen benötigten, hochwertigen Kreativmaterialien und einem Step-by-Step Online Workshop, um wundervolle Ergebnisse zu erzielen.
www.royaltalens.com/boho-watercolour-box
Mehr erfahren? Scanne den QR-Code
vangoghdeutschland
Anzeige

Kreative Me-Time

Interview mit Carrie Morawetz

Carrie ist 30 Jahre alt und lebt mit ihrer Familie in Österreich. Zusammen mit Royal Talens hat sie Carrie's Kreativbox entwickelt.

Was ist Kreativität für dich?

Wege zu bauen. Wege dorthin zu bauen, wo es den Anschein macht, das kein Weg hinführt und man doch eine Lösung findet. Du überlegst dir also einen „kreativen" Weg auf Basis einer Idee oder Vision die du hast. Das ist für mich die Kreativität in ihrem Ursprung und noch völlig „nackt". Alles danach, wie das Malen von Bildern, Fotografieren und vieles mehr ist für mich die kreative Ausführung „Bekleidung" und selbst da, können neue Wege entstehen. Es ist herrlich, wenn dir das erstmal bewusst wird.

Was ist dein Tipp, um sich kreativ weiterzuentwickeln?

Allein sein. Sich bewusst Me-Time zu nehmen, um sich nicht nur fallen zu lassen, sondern sich für Kreativität (wieder) öffnen zu können. Mein Tipp an alle, die auch viele To-dos & Verantwortungen haben: Beanspruche deine kreative Me-Time. Erst wenn der Fokus ganz bei dir selbst liegt, kannst du eine Entwicklung schaffen. Lass dich für den Start gerne an der Hand nehmen, inspirieren, motivieren und bleibe immer neugierig.

Was ist deine Motivation?

Meine Motivation im Beruf ist definitiv die Rückmeldung meiner Kunden und Partner, dass ich für sie etwas verändert habe, ihnen helfen konnte und ihnen neue Welten durch mein Tun eröffnen durfte, aber auch meine Visionen für die Zukunft, die ich mir immer sehr schön und lebhaft ausmale. Meine Leidenschaft ist es zu malen, aber auch ganz alltägliche Dinge wie, meinen Kindern ein Buch vorzulesen, Gemüse zu ernten, gesundes Essen zu kochen und den ersten Schluck Kaffee am Morgen zu trinken. Das einfache Leben. Auch wenn es kitschig klingt, mein Herz brennt für die Liebe. Das ist auch mein Wunsch, mich auf Dinge zu konzentrieren, die ich liebe. Auf DIESE Menschen, auf DIESE Tätigkeiten und auf mich, so wie ich bin. Das ist für mich auch der Inbegriff von Freiheit.

Wenn du neue Farben oder neues Papier ausprobierst, welches Motiv malst du immer als erstes?

Tatsächlich male ich kein Motiv, sondern ich mache immer große Farbflächen und schaffe Verläufe, mische Töne neu, male Strukturen und Muster, um mein neues Material zu verstehen und zu beobachten. Das ist einerseits sehr meditativ, aber andererseits auch sehr hilfreich, denn so ergeben sich für mich schöne Ideen für den späteren Einsatz in Motiv- und Farbwelten.

Wenn du eine Botschaft an alle Kreativen aus der Community schicken könntest, was würdest du ihnen sagen?

Follow me (Spaß beiseite). „follow you" ist meine Botschaft. Folge deiner Leidenschaft, deiner Vision, deinem Bedürfnis. Folge deinem Herzen.

Sina

Karle

@mrs.kreativ.unterwegs

Weil am Rhein

Linktr.ee/Mrs.Kreativ.Unterwegs

Bester Ratschlag, den ich einmal bekam

Hör auf dein Bauchgefühl! Für mich als Kopfmensch der beste Ratschlag überhaupt!

Wenn ich mir ein anderes Talent aussuchen dürfte...

Organisationstalent!

Das ist meine Motivation

Mach deine Leidenschaft zum Hobby & lass dein Hobby nie zur mühevollen Arbeit werden. Das ist oft ein schwieriger Balanceakt.

We are
FAMILY
Stefan, Sina, Lisa, Moritz

Happy Birthday
WINSOR & NEWTON
Designers GOUACHE
PRIMARY YELLOW
14 ml ℮ 0.47 US fl oz

WINSOR & NEWTON
Designers GOUACHE

WINSOR & NEWTON
Designers
GOUACHE
4 da Vinci COSMOTOP-SPIN

Wenn das Leben eine Wende nimmt

Von Ellen Martens

Warum ich meine Gründungsgeschichte erzähle

Hallo, ich bin Ellen, 38 Jahre alt, Ehefrau und Mutter von drei Kindern (darunter Zwillinge). Warum ich meine Gründungsgeschichte erzähle? Ich möchte Frauen ermutigen, ihren Traum zu leben. Denn: In der Mitte meines Berufslebens nahm mein Leben eine überraschende Wendung, mit der ich nie und nimmer gerechnet hätte. Heute bestimmt diese berufliche Veränderung wie selbstverständlich meinen Alltag, sorgt immer mal wieder für kleine Kneif-Mich-Mal-Momente und bestätigt mir, meine Leidenschaft zum Beruf gemacht zu haben.

Illustratorin – Shopinhaberin – Zwillingsmama

Wenn mir jemand vor drei Jahren gesagt hätte, dass diese drei Bereiche mal einen großen Teil meines Lebens ausmachen würden, so hätte ich ihm nicht geglaubt.

Wer mich kennt, weiß, dass ich ein Mensch bin, der Sicherheit braucht. Deshalb wäre ich eigentlich auch nie auf die Idee gekommen, Künstlerin zu werden, geschweige denn eine berufliche Veränderung zu wagen. Es gab auch keinen direkten Anlass hierfür. Als Lehrerin am Gymnasium für die Fächer Kunst und Deutsch hatte ich einen Beruf erlernt, der mir grundlegend gefiel und genügend Sicherheiten bot.

Ich muss dazu sagen: Als Teenager illustrierte ich für einen kleinen Laden in unserer Stadt Postkarten, die auf Provision bezahlt werden sollten. Und so malte ich Aquarelle mit Blumenmotiven, die sich auch gut verkauften. Es kam sogar zu individuellen Anfragen für Porträtzeichnungen, die ich annahm. Für mich in dem Alter ein wahrer Traum! Der Haken an der Sache: Das Geld habe ich bis heute nicht gesehen.

Brotlose Kunst

Und auch wenn ich auf der einen Seite sehr gerne Kunst oder Design studiert hätte: Ich entschied mich für den sicheren Weg.

Aber nicht selten – so erlebe ich es – machen Frauen etwas später, oft auch durch die neue Erfahrung Mutter zu sein, eine sehr tiefgreifende innere Veränderung durch. Diese wirkt sich häufig auch auf die berufliche Entwicklung aus.

Text und Bilder von Ellen Martens @ellen__martens

So bei mir. Zwei Jahre nach der Geburt unseres ersten Kindes – ich war noch in Elternzeit – illustrierte ich mit viel Liebe zum Detail das Babyalbum für unsere Tochter. Hierbei stellte ich fest, wie gut es mir tut, neben dem Muttersein etwas Kreatives zu machen.

Gleichzeitig wuchs in mir der Wunsch, mit meiner Kunst einen Mehrwert für andere zu schaffen,

z. B. durch den Verkauf von eigenhändig illustrierten Babyalben. Wie das gehen sollte? Ich hatte keine Ahnung.

Ein zweites Schlüsselerlebnis folgte kurz darauf während eines verregneten Urlaubes auf Norderney. Obwohl dieser Sommer so unglaublich heiß war, goss es fast täglich wie aus Eimern. Wir hatten wirklich Pech, denn es hatte vorher auf Norderney seit Monaten nicht einen einzigen Tag geregnet. Ausgerechnet jetzt! So hatten wir uns einen Sommerurlaub am Meer nun wirklich nicht vorgestellt. Ich war so traurig. Doch was dann passierte, damit hätte ich niemals gerechnet.

Ich werde Kinderbuchillustratorin

Ich malte und malte und malte und dann… …keimte er plötzlich auf, der vermeintlich verrückte Gedanke: „Ich werde Illustratorin für Kinderbücher!“ So unmerklich sich dieser Wunsch in mein Leben geschlichen hatte, er war vom ersten Moment an eine Wucht – in jeder Hinsicht!

Er war eine Wucht, weil ich keinerlei Ausbildung in diesem Bereich hatte. Er war eine Wucht, weil ich mich als junge Mutter gerade wirklich nicht in einer Lebensphase befand, in der an eine Weiterbildung zu denken war. Und er war eine Wucht, weil ich so gar keine Ahnung hatte, welche Schritte ich gehen musste, um diesem Traum auch nur ein kleines Stück näher zu kommen. Zudem war die Kinderplanung bei uns noch nicht abgeschlossen.

Es sprach also eigentlich ALLES dagegen, ABER: Ich konnte an nichts anderes mehr denken.

Der Gedanke, für Kinderbücher zu zeichnen, erfüllte mich zutiefst. Zum ersten Mal im Leben hatte ich das Gefühl, wirklich für eine Sache zu brennen. Was für eine Wucht! Ich hatte keine Wahl.

Danach ging alles sehr schnell. Noch am selben Tag im Urlaub versuchte ich herauszufinden, welche Wege es zur Illustration gibt, und erfuhr, dass ein Studium keine Grundvoraussetzung ist, was mir einen unheimlichen Aufwind gab. Sofort buchte ich bei Johanna Fritz zwei Onlinekurse, um in kurzer Zeit das nötige Know-How und die wichtigsten Skills (wie das Zeichnen am Grafiktablet) zu erlangen.

Wie aber kommt man an einen Auftrag für ein Kinderbuch?

Bei sogenannten Illustratorensprechstunden, die auf Buchmessen wie in Frankfurt, stattfinden, haben Künstler die Möglichkeit, Verlagen in wenigen Minuten eine Portfoliomappe zu zeigen. Hierbei erhoffen sie sich, in den Illustratorenpool des Verlages aufgenommen und für ein Buchprojekt ausgewählt zu werden.

Die nächste Frankfurter Buchmesse war im Oktober. Ich hatte also knappe zwei Monate Zeit, um eine Mappe vorzubereiten. Weil das digitale Zeichnen für mich noch neu und ungewohnt war, entschied ich mich für Buntstiftzeichnungen und Acrylbilder. Ich zeichnete auf Kraftpapier, wodurch meine Bilder einen Vintagecharakter erhielten. Diesem Stil bin ich bis heute treu geblieben, weil er genau das widerspiegelt, was ich mit meinen Bildern inhaltlich zum Ausdruck bringen möchte.

Durch den Vintagestil meiner Bildern erhoffte ich mir eine Art Alleinstellungsmerkmal zu erzielen, um irgendwie herauszustechen.

Und dann kam er schließlich: Der Tag der Messe – eine wahre Achterbahnfahrt der Gefühle. Ich war sehr aufgeregt und wusste, dass ich meine Ängste überwinden und meine Komfortzone verlassen musste. Aber ich wusste auch, dass ich etwas mitbrachte, was nicht zu unterschätzen war: ein inneres Feuer, eine echte Leidenschaft für die Sache. Das gab mir Zuversicht. Heute glaube ich, dass dieser Funke bei manchen Verlagen übergesprungen ist.

Dass mein Mann mich unterstützte, gab mir zusätzlich Kraft. Wenn er nicht kurz vorher gesagt hätte: „Das Produkt ist gut!“, hätte ich vielleicht gekniffen.

Heute bin ich froh, diesen Schritt gewagt zu haben, auch wenn auf den ersten Blick – wie so oft – vieles dagegen sprach.

Auf der Buchmesse konnte ich besonders wertvolle Kontakte zu Verlagen aufbauen. Schon eine Woche später kam der erste Auftrag für zwei Kinderbücher. Es sollten Gebetbücher für Kleinkinder sein. Kurz zuvor hatten wir uns in einem Krabbelkurs mit dem Thema „Beten mit Kindern“ beschäftigt, was mich tief berührt hatte. Ich war zu der Erkenntnis gekommen, dass nichts mehr zu Kinderherzen spricht, als Bilder es tun. Dass ich nun Gebetbücher illustrieren durfte, erschien mir sehr passend und wie ein kleines Wunder.

Mittlerweile konnte ich drei Bücher illustrieren und aktuell laufen Verträge für weitere wundervolle Kinderbücher, was mich wirklich freut.

In den letzten drei Jahren ist aber auch privat so einiges passiert. Vor knapp zwei Jahren wurden

Text und Bilder von Ellen Martens @ellen__martens

uns Zwillingssöhne geschenkt. Zusammen mit unserer Tochter (5 J.) bringen sie viel Farbe ins Leben und bereichern unseren Familienalltag.

Mein eigener Onlineshop

Die Schwangerschaft und Babyzeit hat mich inspiriert, Meilensteinkarten und weitere Produkte für die Babyzeit zu entwerfen. So entstand der Herzenswunsch nach einem kleinen Onlineshop, den ich seit sechs Monaten betreibe und in dem ich neben meinen Büchern u. a. Papeterieprodukte verkaufe.

Nun darf ich endlich den Mehrwert erleben, nach dem ich mich damals bei der Gestaltung des Babyalbums sehnte. An der Shoparbeit liebe ich besonders den direkten Kontakt zum Endkunden. Es ist so schön zu erleben, wie sich Frauen und Kinder durch meine Bilder ermutigt und gestärkt fühlen.

Meine Vision: Kindheitsidylle, die stark macht

Bilderbücher, die gute Werte vermitteln, leisten einen frühen Beitrag, Kinder aufs Leben vorzubereiten und stark zu machen. Das ist ein Grund, warum ich für Kinderbücher zeichne.

Immer wenn ich meinen Zeichenstil beschreiben soll, muss ich an die kleinen schwedischen Holzhäuser der Astrid-Lindgren-Filme denken, die ich schon als Kind liebte. Sie strahlen für mich eine ganz besondere Geborgenheit und Wärme aus. Und das ist es, was Kinder brauchen: Ein Zuhause, in dem sie sich geliebt und geborgen fühlen. Diese Werte möchte ich auch in meinen Bildern transportieren. Sie versprühen einen Hauch von Nostalgie und lassen Raum zum Träumen und Erinnern.

Ich wünsche mir, dass meine Bilder ans Herz gehen, Zuversicht, Kraft und Mut schenken. Wenn sie dann noch zu wertvollen Eltern-Kind-Momenten beitragen, hat sich jeder Pinselstrich gelohnt.

Entdecke

Ellens Onlineshop

www.ellenmartens.de/shop

Kinderbücher

Postkarten & Poster

Baby Meilensteinkarten

Katha

Arends

@letterbraut

Seligenstadt

www.letterbraut.de

Mit dem Lettern angefangen habe ich...

Ich male und zeichne schon, solange ich denken kann. Dem Handlettering bin ich seit Anfang 2018 verfallen. Damals war gerade meine Tochter zur Welt gekommen und ich wollte in erster Linie Meilensteintafeln und Fotoalben verzieren. Im Herbst 2019 habe ich meinen Instagram-Account gegründet und lettere seither (fast) täglich. Mich reizt dabei vor allem, dass sich das Handlettering so wunderbar mit anderen Techniken, wie dem Aquarellieren, kombinieren lässt.

Das ist meine Motivation

Am allermeisten motiviert mich die Instagram-Community! Es ist einfach toll zu sehen, wie viele Menschen ich dort täglich mit meiner Kunst erreiche und wie viel Begeisterung meine Fotos und Videos auslösen können. Es macht mich unglaublich stolz und glücklich, eine solche Inspiration für andere zu sein. Das Gleiche erlebe ich auch bei meinen Workshops. Das Glücksgefühl, wenn die Teilnehmer am Ende des Workshops ihr selbstgemachtes Werk in den Händen halten und die damit verbundene Dankbarkeit, die mir dann entgegengebracht wird, sind die größte Motivation für mich.

Bester Ratschlag, den ich einmal bekam

Mach einfach! Warte nicht darauf, dass dein Traum sich irgendwann erfüllt, sondern nimm das Ruder selbst in die Hand.

LETTER
BRAU

Alles Liebe

CON UN MAR DE
colores
YO TE QUIERO
pintar
P755

LETTER
BRAUT
HORADAM AQUARELL
Schmincke

HAPPY
Birthday

Kirsten

Albers

@gelbkariert.de

Herne

www.gelbkariert.de

Bester Ratschlag, den ich einmal bekam

Frage dich immer: Werde ich es irgendwann bereuen, es nicht getan zu haben?!

Damit habe ich mein erstes Geld im Business verdient

Mein erstes Geld habe ich mit dem Verkauf meiner Motive bei artboxONE verdient. Als ich den Künstlervertrag in den Händen hielt, war es noch total irreal und ich hätte nie gedacht, dass jemand meine Bilder kauft. Einfach ein tolles Gefühl!

Mit dem Lettern angefangen habe ich...

Mit dem Handlettering habe ich 2015 begonnen, habe aber schon immer gemalt und eine Vorliebe für Schriften entwickelt. Daher war es für mich das perfekte Thema und ich liebe es immer noch.

Während andere
mitten im
Leben stehen,
schau ich immer,
wo ich mich
hinsetzen könnte.
Man wird
ja nicht jünger.

I DO a
THING
CaLLeD
„what I
want"

SHE
BeLIEVeD
SHE COULD...
but she was
really tired
SO SHE
DIDN'T!

everything
will be
OK!

c'est la
fucking
vie

YEAH

So geht gutes Zeitmanagement

Interview mit awork Co-Gründer Tobias Hagenau

Tobias Hagenau (Geschäftsführer der HQLabs GmbH und u.a. Co-Gründer von awork) ist Experte für Projektmanagement, dessen sinnvolle Softwareunterstützung und ein gern gesehener Gast in Podcasts oder Keynotes. Schon seit 2012 baut er mit seinem Team in Hamburg Software für die Projektarbeit. Inzwischen ist HQLabs auf über 35 Mitarbeiter angewachsen.

Das erste Produkt, die Agentursoftware HQ, ist mit über 700 Agenturen eine der gängigsten Lösungen auf dem deutschsprachigen Markt, um Ordnung in den Agenturprozess zu bringen.

2019 kam das smarte Projektmanagement-Tool awork dazu, welches bereits über 1.000 Teams dabei unterstützt, noch produktiver zu werden. Tobias brennt für Projekte, für Technologie und für eine moderne Art zu arbeiten. Mit awork ist digitales Projektmanagement ganz einfach.

Seit wann gibt es awork?

Das erste Konzept für awork ist 2018 entstanden. Dann verging ein Jahr mit Entwicklungsarbeiten bis zum ursprünglichen Launch 2019.

Wie ist die Idee dazu entstanden? Wer sind die Gründer?

Bei HQLabs bauen wir schon seit fast zehn Jahren Software für kreative Teams. awork ist das direkte Ergebnis dieser Erfahrung. Wir haben bei den Teams unserer Kunden immer wieder gesehen, dass neben den finanziellen Prozessen auch die Organisation noch viel zu kurz kommt. Also haben wir unser Wissen und unsere Erfahrung in ein neues Business und Produkt gegossen. Wir, das sind Lucas Bauche, Nils Czernig und Tobias Hagenau.

Was unterscheidet awork von anderen Workmanagement-Tools?

awork ist darauf spezialisiert, kreative Teams zu bedienen. Die Ressourcenplanung sowie die Zeiterfassung sind integriert und Projekte lassen sich ihren passenden Kunden zuordnen. Dabei bleibt es einfacher und übersichtlicher als alle anderen Tools.

Die meisten Start-Ups entstehen, weil sie ein Problem anders oder besser lösen wollen, als es Wettbewerber bislang getan haben. Was war die "bahnbrechende" Idee hinter awork?

Nicht immer ist die Idee selbst wirklich revolutionär. Die Organisation von Teams mit passender Software ist keine völlig neue Idee. Aber gerade in kreativen Teams gibt es einfach keine RICHTIG GUTE Lösung dafür. Sprich ein intuitives Tool, das gerne von jedem im Team genutzt wird, hübsch aussieht und einfach Spaß macht. Mit unserer Erfahrung haben wir uns dafür perfekt gerüstet gesehen.

Welchen Herausforderungen seid ihr bei der Gründung begegnet?

Da wir mit HQLabs und dem HQ, unserem ersten Produkt, noch ein bestehendes Unternehmen und ein laufendes Produkt haben, war das Start-Up im Start-Up natürlich eine organisatorische und finanzielle Herausforderung – alles ist gleichzeitig passiert. Aber dafür konnten wir auch auf bestehende Strukturen zurückgreifen, das war ein großer Vorteil.

Was sind deiner Meinung nach die größten Fehler, die im Bereich Zeitmanagement gemacht werden?

Wenn das Zeitmanagement nicht funktioniert, gibt es in der Regel zwei mögliche Ursachen: Entweder es wird nicht richtig "durchgezogen"; z. B. werden nicht ALLE Projekte des Teams geplant oder es gibt keine klare Vorgabe für die zu verwendenden Tools (jeder nutzt noch eine private To-do-Liste). Oder das Zeitmanagement "artet aus". Wenn jede Viertelstunde in der Ressourcenplanung berücksichtigt werden soll, plant man sich häufig um Kopf und Kragen, ohne dabei effektiv voranzukommen.

Wie hilft awork dabei, das Zeitmanagement zu optimieren?

awork bietet eine zentrale Stelle, um alle To-dos des Teams zu organisieren und zu planen – von einfachen Aufgabenlisten bis hin zu komplexen Zeitplänen. Dabei bleibt es so einfach, dass jedes Team gerne damit arbeitet.

Was war für dich persönlich ein Gamechanger im Bereich Zeitmanagement?

Für mich selbst war es sehr bereichernd eine Zeit lang meine eigenen Zeiten zu erfassen und zu untersuchen, womit ich meine Tage tatsächlich verbringe. Denn oft verbringt man viel weniger Zeit mit den relevanten Themen, als man selbst vermutet.

Was sind die größten Herausforderungen bei der Organisation langfristiger Projekte?

Langfristiges Projektmanagement lebt davon, dass die Planung und Kommunikation auch über lange Zeiträume immer wieder auf dem neuesten Stand gehalten wird. Natürlich nehmen Tools wie awork diese Arbeit nicht ganz ab – geplant werden muss immer noch – aber durch intelligente Hinweise und Integrationen fällt diese Aufgabe auch bei einer Vielzahl parallel laufender Projekte deutlich leichter.

Welche Funktionen bietet awork, um vom Organisationstalent zum echten Projektmanager heranzureifen?

awork bietet jedem die Möglichkeit, bei wachsenden Projekten einfach zum passenden Werkzeug zu wechseln. So kann man am Anfang z. B. einfach eine kleine To-do-Liste in einem Projekt führen und dann, sobald es notwendig wird, eine vollständige Zeitplanung mit Meilensteinen usw. ergänzen.

Woran arbeitet ihr noch? Auf welche Funktionen können wir uns in Zukunft freuen?

Gerade im Bereich der Team- und Ressourcenplanung gibt es noch viel zu tun. Die Integration von persönlichen Kalendern mit der langfristigen Projektplanung wird aktuell noch in keinem Tool am Markt ordentlich gelöst – das gehen wir mit awork an.

Was ist deine persönliche Vision für awork? Was wäre das Beste, was euch als Start-Up passieren könnte?

Wir möchten mit awork zum Standard-Tool für kreative Teams werden und ihnen dabei helfen, mehr Freude an der eigenen Arbeit zu haben – und das nicht nur in Deutschland, Österreich und der Schweiz, sondern weltweit!

Vielen Dank für deine Tipps & Einblicke, Tobias!

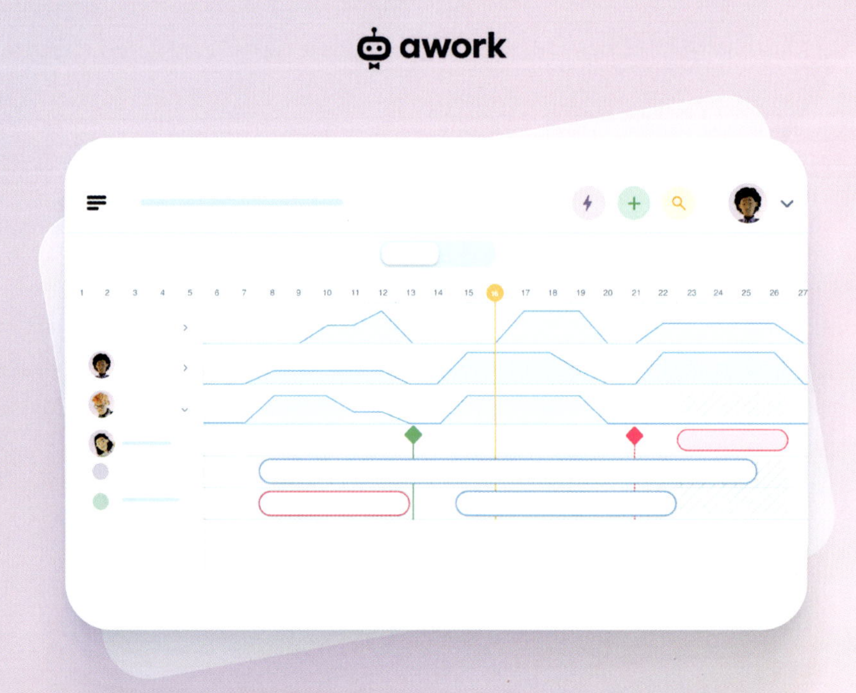

DIE ABKÜRZUNG DES DATEIFORMATS

PDF

STEHT FÜR PORTABLE DOCUMENT FORMAT.

#TYPEFACTS

Jacqueline

Weiglhofer

@jacqui.designs

Leverkusen

www.jacqui-designs.de

Bester Ratschlag, den ich einmal bekam

Du musst nicht immer 100% geben, Perfektionismus ist die Handbremse deines Lebens.

Damit habe ich mein erstes Geld im Business verdient

Das erste Produkt in meinem Shop war das Lightroom Preset „Marbella".

Das ist meine Motivation

Jeden Tag zu tun, was ich liebe, und anderen Menschen eine Freude damit zu bereiten. Produkte zu gestalten, die das Leben ein klein wenig schöner machen.

HOLD
ON TO
YOUR
VISION

TO DO
NOTIZEN

Hey, ich bin Jacqui von „Jacqui Designs". Im Sommer 2019 habe ich mir einen großen Traum erfüllt und meinen eigenen Onlineshop gegründet. Angefangen mit Lightroom Presets und Instagram Story Stickern führte meine Leidenschaft für Papier und schönes Design schließlich dazu, dass nach und nach immer mehr Produkte in meinen Shop eingezogen sind. Heute findest du bei mir viele unterschiedliche Design- und Lifestyleprodukte, mit denen du Freuden bereiten, dein Leben ein bisschen verschönern, planen, träumen und inspirieren kannst. Alles mit viel Liebe gestaltet und ausgewählt.

girl, look at you.
You work hard, you dress well,
you're responsible, you are
educated, you manage your
money, you are loyal, you have
big plans and beautiful dreams.
You are a queen.

Der erste Eindruck zählt

Impulse & Tipps von Jacqui

Instagram ist für viele Unternehmen, ob groß oder klein, eine sehr wichtige Marketingplattform geworden. Wir präsentieren unsere Produkte, zeigen den Entstehungsprozess und bauen uns eine Marke auf. Der erste Eindruck, den potentielle Follower und Kunden gewinnen, ist in dieser Masse an Profilen bei Instagram enorm wichtig. Dieser erste Eindruck ist immer dein Feed. Egal woher ein User kommt, ob von einer Verlinkung in einer Story, durch Profilvorschläge oder einfach einer Empfehlung eines Freundes, das Erste was er sieht, ist dein Feed.

Wie hinterlasse ich also einen positiven ersten Eindruck, der einen User dazu bringt, mir zu folgen?

Eins vorab: Natürlich ist alles Geschmacksache! Du solltest deinen Feed passend zu dir und deinen Produkten, deinen Werken oder deinem Angebot gestalten. Nur so erreichst du neue Follower und somit potentielle Kunden, die lieben, was du machst. Authentizität ist hier sehr wichtig. Der erste Eindruck sollte direkt zeigen, welche Farben du verwendest, welchen Stil du verfolgst und welche Produkte du verkaufst.

Beim Gestalten deines Feeds hast du mehrere Möglichkeiten. Du kannst zum Beispiel durch einen ganz besonders interessanten und kreativ gestalteten Feed Aufmerksamkeit erregen. Wie wäre es mit einem Puzzlefeed, einem besonderen Rahmen um deine Bilder oder einem bestimmten, sich wiederholenden Raster? Tipp: Vorlagen hierfür findest du unter anderem bei Creativemarket (z.B. für Canva).

Natürlich geht es auch etwas einfacher. Du kannst deine Bilder immer im gleichen Stil bearbeiten, um einen einheitlichen Look zu schaffen. Das funktioniert besonders gut mit sogenannten „Presets“ oder Farbfiltern. Wie du vielleicht in meinem Künstlerprofil gelesen hast, verkaufe ich in meinem Shop Lightroom Presets. Diese habe ich so entwickelt, dass du sie ganz einfach mit einem Klick und ohne Vorkenntnisse für jedes Bild anwenden kannst, um deinen Feed möglichst einheitlich zu gestalten.

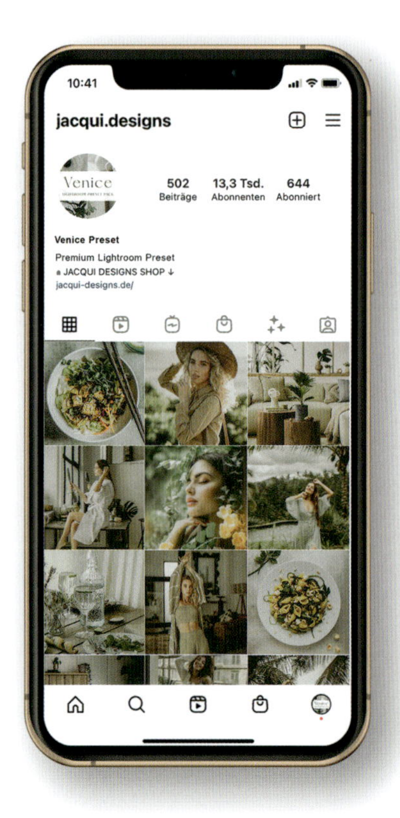

Text und Bilder von Jacqueline Weighofer @jacqui.designs

Ein weiterer Vorteil eines einheitlich gestalteten Feeds ist, dass deine Follower immer sofort erkennen, wenn ein Post von dir in ihrem News Feed erscheint. Das erweckt zusätzlich Aufmerksamkeit und deine Reichweite wird gesteigert.

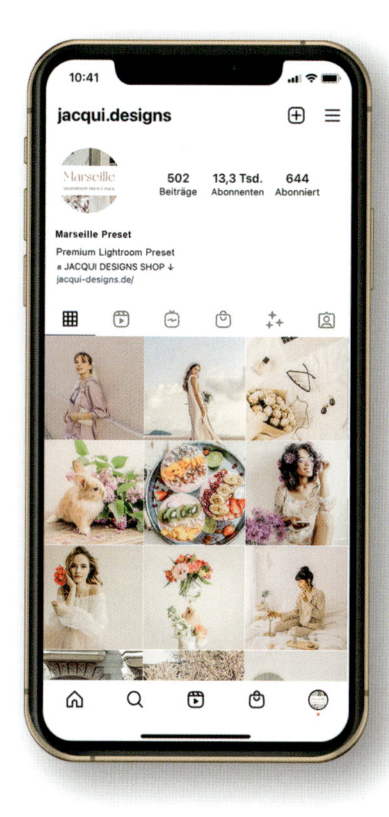

Einheitlich muss aber nicht immer gleich einfarbig sein. Du liebst es bunt? Wunderbar! Ein richtig bunter, farbenfroher Feed ist wirklich ein Hingucker und wird jedem User, der es auch bunt liebt, sofort positiv auffallen. Und das ist genau das, was du erreichen willst. Follower, denen genau das gefällt, was du machst. Also zeige deine Liebe für bunte Farben oder deine Leidenschaft für florale Designs, deinen eleganten oder verspielten Stil und hinterlasse bei deiner Zielgruppe einen bleibenden Eindruck.

Meine

Empfehlungen

für deinen Instagram-Feed

1

Benutze eine Vorschau-App.
Es gibt einige dieser Apps, z.B. „Preview" oder „Planoly". Mit diesen Apps kannst du deinen Feed vorplanen und vor dem Hochladen schauen, ob dein neues Bild in deinen Feed passt.

2

Passe auch deine Highlight-Icons an deinen Feed an!
Bunter Feed – bunte Icons! Du kannst hier auch mit Symbolen oder Typo spielen, um einen rundum einheitlichen Look zu schaffen.

3

Deine Storys geben den zweiten Eindruck!
Wenn du keine Story hochgeladen hast, werden die meisten User sich vielleicht deine Highlights oder Reels / IGTV anschauen. Achte darauf, auch hier einheitlich zu sein und deinen Stil aufzugreifen. Du kannst zum Beispiel Story-Vorlagen verwenden oder einen bestimmten Filter benutzen. So wissen deine Follower auch immer direkt, dass sie gerade deine Story schauen.

4

Reels & IGTVs
Wenn du ein Reel oder Video in deinem Feed posten möchtest, kannst du ein eigenes Vorschaubild hochladen. Wähle hierfür ein Bild ‚was zum Thema des Reels/ Videos und farblich in deinen Feed passt.

5

Fotoprops
Achte schon beim Fotografieren darauf, immer ähnliche Farben und Accessoires auf deinen Bildern zu verwenden. So schaffst du auch inhaltlich einen einheitlichen Look.

Timo

Strauß (engl. Ostrich)

 @timoostrich

 Hamburg

 handletteringlernen.de

Bester Ratschlag, den ich einmal bekam

Dein Traum wird wahr, wenn du mehr in ihn investierst als in deine Ängste.

Mit dem Lettern angefangen habe ich…

Ich lettere ca. seit 2016, damals noch als Teil von Sketchnotes. Daraufhin entwickelte sich eine richtige Leidenschaft für das Handlettering.

Wenn ich mir ein anderes Talent aussuchen dürfte…

Von Talenten halte ich nicht so viel. Ich bin der Überzeugung, dass man (fast) alles lernen kann. Mit echter Begeisterung und natürlich ganz viel Übung. Talent mag helfen, ist aber mittelfristig wertlos, wenn es nicht gefördert wird.

Merry Christmas

DAS
Streben
NACH
Glück

ahoi

Together
IS A
Wonderful
PLACE
TO BE

meet
me at the
beach

Blumen
duft

Küste
und
Meer
sind
unser
Begehr

Der Handlettering Generator

Easy Spruchgestaltung mit dem Generator von @timoostrich

In diesem Tutorial möchte ich, Timo Strauß, mit dir zusammen einen Spruch gestalten. Dazu nutzen wir meinen selbst entwickelten Handlettering Generator, den du auf handletteringlernen.de/generator findest. Der Generator unterstützt dich auf ganz unterschiedlichen Ebenen beim Lettern. In diesem Fall in Form einer Vorlage, die wir direkt mit Brushpens nachziehen – und abschließend mit zusätzlichen Details ergänzen.

Beginne damit, einen beliebigen Spruch in den Generator einzufügen und ihn passend zu gestalten. Dafür stehen dir teils exklusive Schriftarten, Deko-Elemente und praktische Tools zur Verfügung. Verschiebe die einzelnen Wörter und probiere Schriften aus, bis dir die Gesamtkomposition gefällt.

Mit einem Klick stellst du die Schriftfarbe aller Wörter auf ein helles Grau. So erhältst du eine Vorlage, die du ausdrucken und nachzeichnen kannst. Für das Tutorial wähle ich ein dunkleres Grau als üblich – damit die Vorlage auf den Fotos erkennbar bleibt.

Als Erstes gestaltest du die wichtigsten Wörter deines Spruchs. In diesem Fall die Wörter "together" und "WONDERFUL". Ersteres ziehe ich einfach mit einem Brushpen nach. Das "WONDERFUL" erhält noch einen dezenten Verlauf. Dazu hältst du die Stiftspitzen aneinander, sodass der hellgraue Brushpen die rote Farbe aufnimmt. Anschließend nutzt du diesen Stift, um die Buchstaben nachzumalen.

Nun folgen die restlichen Wörter. Diese werden schlicht schwarz und mit einem kleinen Brushpen nachgezogen. Das ist übrigens schwieriger, als es aussieht.

Text und Bilder von Timo Strauß @timoostrich

Materialien:

- Deine liebsten Lettering-Stifte (ich nutze hier einen KARIN Brushmarker Pro, Pentel Brush Sign Pen, Sakura Pigma Micron 0.2 mm, uni-ball signo Gelroller weiß)
- Clairefontaine DCP Druckerpapier
- Tablet oder Computer
- Drucker

Mein Tipp:

Wenn es mal schnell gehen muss, kannst du auch komplette Karten und Poster mit dem Generator erstellen und farbig ausdrucken. Dank der vielen Modifizierungsmöglichkeiten bist du in der Gestaltung frei und kannst auf das Ausmalen der Vorlage verzichten. So kannst du auch digital eigene Lettering-Grüße verschicken.

Zeit für die Dekoration! Male deine im Generator gewählten Deko-Elemente passend aus. Wiederhole dazu deine bereits genutzten Farben.

Abschließend ist noch eine weitere, freie Gestaltung möglich. Ergänze deine Buchstaben zum Beispiel um eine feine Schattenkontur und setze ein paar Lichtreflexe. Um den Weißraum noch etwas zu reduzieren, kannst du außerdem weitere Verzierungen nutzen.

Wie kam es zum Handlettering Generator?

Ursprünglich wollte ich Einsteigern die Möglichkeit bieten, Handlettering-Vorlagen nach den eigenen Vorstellungen zu erstellen. Im Laufe der letzten vier Jahre habe ich den Generator auf Basis der Wünsche meiner Community immer weiter ausgebaut. Dabei habe ich nicht nur sehr viel Arbeit in die Programmierung gesteckt, sondern auch Symbole gemalt und eigene Fonts entwickelt. Mittlerweile ist der Generator fast ein kleines Grafikprogramm und extrem flexibel einsetzbar – und das auf Smartphone, Tablet oder am PC.

Sketchnotes & Bullet Journal

Warum es sinnvoll ist, wieder mehr mit der Hand zu schreiben

Die Kehrseite der Digitalisierung

Wir leben in einem digitalen Zeitalter, in dem wir uns die ganze Welt auf unsere Smartphones, Computer und Tablets holen, egal wo wir uns befinden. Es gibt unzählige Apps, die uns helfen sollen, unser Leben zu organisieren. Munter hangeln wir uns von PowerPoint zu PowerPoint-Präsentation und verbringen viel Zeit vor dem Bildschirm. Erwachsene schreiben kaum noch etwas mit der Hand. Sie tippen hauptsächlich auf Tastaturen oder Touchscreens.

Die Digitalisierung eröffnet uns einerseits die Welt und hilft uns, Grenzen zu überwinden, andererseits laufen wir Gefahr, uns in dieser Welt zu verlieren. Wir sind permanent beschäftigt, aber gleichzeitig wenig produktiv.

Back to the roots

Neben all dem Streben nach „schneller, höher weiter" überkommt uns manchmal das Gefühl, wir wollen doch irgendwie wieder ein bisschen „back to the roots". Der Trend zum Zeichnen und Ausmalen ist ungebrochen. Malbücher für Erwachsene laden zur Meditation und zum Abschalten ein. Visualisierung mit Stift und Papier bietet aber nicht nur eine Chance zum Entspannen und Runterkommen, sondern auch eine tolle Möglichkeit zum Reflektieren, Strukturieren und Organisieren.

Visuelle Methoden

Sketchnotes und Bullet Journaling sind tolle visuelle Methoden, um wieder ein wenig zurückzufinden in die analoge Welt. Malen, Zeichnen und Schreiben helfen dir dabei, handlungsfähig zu bleiben. Der Stift in der Hand ist der Ausleger des Gefühls, die Zeichnung ein unmittelbarer visueller Ausdruck des Zustands, in dem der Verfasser sich aktuell befindet. Fast alle Kinder malen und zeichnen, weil sie so die Welt begreifen. Dass so viele Menschen im Erwachsenenalter damit aufhören, hat mit gesellschaftlichen Normen zu tun, ist aber sehr schade, weil Handschrift und Zeichnen wertvolle Erkenntnisse für jeden bereithalten. Kein Gekritzel ist zu banal, um nicht einer Betrachtung Wert zu sein. Jede Spur zählt. Es wird etwas markiert, ein Raum, eine Grenze, ein Erlebnis, eine Erinnerung, ein Gefühl…

Und so verhält es sich auch mit dem Bullet Journal. Es geht nicht nur darum, Termine, To-dos und Aufgaben zu verwalten. Neben dem Erwerb von Zeichen und Symbolen wird hier auch die Fähigkeit gefördert, sich mitzuteilen und sich mit sich selbst und seiner Umwelt auseinanderzusetzen. Handschriftliche Notizen und Skizzen verbessern nicht nur die Merkfähigkeit: Wer schreibt, der kommuniziert.

Wer regelmäßig zu Stift und Papier greift, um z. B. seine Gedanken zu sortieren, soll nicht nur seine Ziele schneller erreichen, sondern auch in vielen anderen Hinsichten davon profitieren.

Text und Bilder von Diana Meier-Soriat @dianasoriat

Wenn wir handschriftlich schreiben oder zeichnen, sind wir konzentrierter und weniger anfällig für Ablenkung. Das Schreiben mit einem analogen Schreibgerät ist langsamer als das Tippen auf dem Laptop. Wir sprechen hier wirklich von dem „Hand in den Kopf"-Prinzip. Das gilt sowohl für Sketchnotes als auch für das Bullet Journal.

Das Bullet Journal kann alles sein, was du brauchst. Du kannst deinen Alltag strukturieren, deine Termine planen, deinen eigenen Kalender führen, deine Aufgaben festhalten und es als Tagebuch oder Skizzenbuch benutzen. Das ist das Schöne am Führen eines Bullet Journals: Du passt es dir genau so an, wie du es brauchst. Du kannst minimalistisch arbeiten oder aber mit Zeichnungen bzw. Sketches deine Notizen aufwerten und Reflektionen verfestigen. Mit dem Bullet Journal hast du einen Ort für alles, was in deinem Leben passiert.

Für den Start brauchst du eigentlich nicht viel. Ein leeres Notizbuch und einen Stift. Am besten einen Fineliner und vielleicht noch einen hellen Brushpen dazu. Ich empfehle dir ein Notizbuch mit dem sogenannten „Dot Grid", das ist ein Punkteraster. So kannst du gerade schreiben, Linien ohne Lineal ziehen und die Pünktchen treten dennoch optisch zurück. Ich persönlich finde 120 g/m^2 ideal, so drückt nichts durch und du kannst beide Seiten beschreiben.

Aufbau des Bullet Journal

Der Index am Beginn deines Notizbuches ist quasi eine Inhaltsangabe. Du notierst dort das Thema und die Seite. Da du das Bullet Journal „fortlaufend" führst, bist du so in der Lage, später auch alles wiederzufinden.

Der Future Log

Das ist quasi dein Kalendarium für zukünftige Termine. Hier kannst du zukünftige Termine oder auch To-dos eintragen.

Der Monthly Log

Die Termine überträgst du dann in deine Monatsübersicht (Monthly Log), sobald der neue Monat startet. Vielleicht denkst du jetzt: Warum? Die stehen doch schon im Future Log? Der Vorteil ist: Du setzt dich mit deiner unmittelbaren Zukunft, also dem kommenden Monat auseinander. Du kannst so schon einen Überblick bekommen, was ansteht. Es ist wie ein externes Gehirn, es bringt unglaubliche Ruhe und entlastet dich: einmal auf dem Papier – niemals verloren.

Der Weekly Log

In die Wochenübersicht (Weekly Log) „migrierst" du dann die Termine aus der Monatsübersicht. Auch hier gilt wieder das „Von der Hand in den Kopf"-Prinzip. In der Wochenübersicht organisierst du auch deine To Dos. Sie werden stets ergänzt und mit den sogenannten „Key Codes" versehen. Das strukturiert deine To Do Liste und du kannst mit kleinen Symbolen im Sketchnotes-Stil einen Wiedererkennungsmoment kreieren. Für mich ist diese Wochenliste oft auch ein „Sammelbecken". Ich erstelle sie immer Sonntagabend. Dann bin ich einfach viel entspannter, weil ich weiß, was ansteht. Das externe Gehirn lässt das tatsächliche Gehirn etwas ruhen.

Der Future Log

Der Monthly Log

Ist dir die Wochenübersicht zu unübersichtlich oder du musst sehr viele To-dos unterbringen? Dann empfehle ich dir, auch einen eine Tagesübersicht (Daily Log). Dort holst du dir die To-dos aus der Woche bzw. deinem Sammelbecken rein. Im besten Fall immer nur drei bis fünf, so kannst du gleich Prioritäten setzen, und erst wenn diese abgearbeitet sind, holst du dir neue hinzu. Wenn du etwas nicht schaffst, überträgst du diese To Dos in den nächsten Tag. Falls du ein To-do für doch für weniger wichtig erachtest, kannst du es auch wieder zurück in dein Sammelbecken schieben. Durch das „Migrieren“ geht nichts mehr verloren.

Mit diesem System arbeitest du dich von Woche zu Woche, von Monat zu Monat, von Tag zu Tag. Für größere Projekte kannst du dir auch eine sogenannte „Collection“ anlegen. Zum Beispiel eine Master-To-do-Liste (eine Liste von To-dos, die du nicht heute, nicht morgen, aber eben irgendwann vorhast), eine Bucket-List (was du immer schon mal machen wolltest) einen Bücher-Tracker oder einfach ein Projekt, welches viele Unterpunkte hat). Du kannst dein Bullet Journal auch als Tagebuch und Skizzenbuch verwenden. Dein Bullet Journal ist das, was du daraus machst.

Key Codes und Color Codes

Key Codes strukturieren deine Aufgaben. Gewissen Tätigkeiten lassen sich bestimmte Symbole und Zeichen zuordnen. Du kannst zudem auch mit Farben arbeiten, um zum Beispiel Privates von Beruflichem zu trennen. Der Vorteil ist, dass du in einer längeren Liste auf einen Blick verschiedene Kategorien erkennen kannst.

Text und Bilder von Diana Meier-Soriat @dianasoriat

Better done than perfect

Lass dich bitte nicht von tollen und perfekten Bildern auf Social Media verunsichern. Das sind Bilder, die zur Inspiration dienen und nicht unbedingt ein funktionierendes Bullet Journal darstellen. Du wirst nicht immer die Zeit finden, deine Seiten „aufzuhübschen". Dein Bullet Journal soll funktionieren und keinen Schönheitswettbewerb gewinnen. Frei nach dem Motto: Better done than perfect!

Auf Dianas Instagram Kanal gibt es noch mehr zum Thema Sketchnotes & Bullet Journaling

Ich bin Diana, Mutter von 4 Kindern, arbeite in einem wunderschönen Atelier COART 81 in Bremen und gebe regelmäßig Workshops (online & offline) im Bereich Visualisierung und Bullet Journal. Ich arbeite als „Graphic Recorderin" und bin Autorin von „Bullet Journal – das Praxisbuch" und „Sketch your Day", erschienen im MITP-Verlag. Mehr findest du auf meinem Blog www.sketchnotes-by-diana.com

Nicola
Honer

@farbgold

Bamberg

www.farbgold-design.de

Bester Ratschlag, den ich einmal bekam

An seine Träume zu glauben und niemals aufzugeben.

Mit dem Lettern angefangen habe ich...

Meine ersten Lettering-Versuche liegen schon ein paar Jahre zurück. Leider bin ich damals nicht drangeblieben und lettere heute nur so zum Spaß in meiner Freizeit. Bei meinen Entwürfen greife ich daher auf professionelle Fonts im Letteringstil zurück.

Das ist meine Motivation

Mit meinen Designs möchte ich die (Hochzeits-) Welt ein Stückchen bunter machen. Ich träume davon, irgendwann einen eigenen Laden mit vielen tollen Papeterieprodukten und anderen hübschen Dingen zu besitzen.

Save the Date
WIR HEIRATEN
und freuen uns darauf,
diesen besonderen Tag mit euch zu feiern.
16.07.2022
Eine Einladung mit allen Details folgt.
Nina & Chris

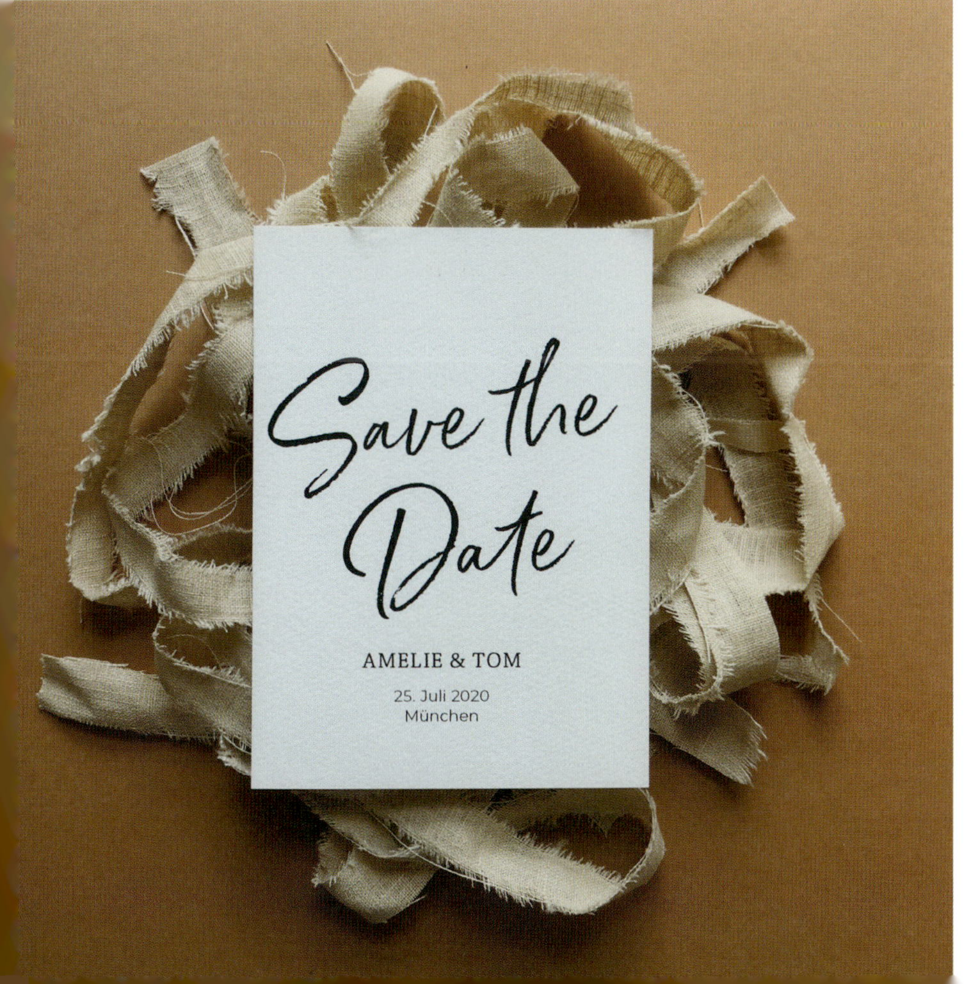
Save the Date
AMELIE & TOM
25. Juli 2020
München

best day ever

AMELIE & TOM
EINLADUNG
Wir sagen Ja
im kleinen Festsaal ausgiebig feiern.
Wir freuen uns auf euch,
AMELIE & TOM
ZUSAGEN
Wir freuen uns über eure Zusage
bis zum 15.Mai 2019

CATHY
TRAUZEUGEN
bis 01.10.2022 an wesayyes@cathyundtom.de
DANKE

NICHT
OHNE
Dich!

Die Liebe

Unser Gästebuch

Madeleine

Zülke

@_frau_von_bommel_art_

Laage

www.etsy.com/de/shop/frauvonbommel

Bester Ratschlag, den ich einmal bekam

„Mach mal langsam!"

Bewusst langsamer und achtsamer den Tag zu erleben, Kraft in der Natur und in den kleinen Momenten zu tanken, hat mich schließlich auch wieder zum Malen gebracht.

Das ist meine Motivation

Meine Ururgroßmutter soll eine Künstlerin in Paris gewesen sein. Doch ich weiß so gut wie nichts über sie, kenne kein einziges Bild und kein Foto von ihr.

Meine größte Motivation ist es wahrscheinlich selbst Spuren zu hinterlassen. Ich könnte die ‚besten Ideen haben, die schönsten Bilder malen, doch wenn ich sie nur in meiner Schublade verstecke, weiß niemand von ihnen. Der Schritt, Einblick in den kreativen Teil meines Lebens zuzulassen, fühlte sich am Anfang völlig ungewohnt für mich. Doch am Ende war es die beste Entscheidung. Jetzt möchte ich auch andere so gerne dazu motivieren, ein bisschen mehr an sich zu glauben.

slow

HERD

Handgemachte Aquarellfarben

Über die Kunst, seiner Leidenschaft zu folgen

Beobachtet man Kinder beim Spielen, kann man häufig entdecken, wie sie Beeren zerdrücken und den roten Saft bestaunen. Wie sie aus Erde und Wasser wunderbar braunen Matsch herstellen und versuchen, dies und das damit zu beschmieren, oder bunte Blütenblätter zermahlen.

Vielleicht hast du genau dies als Kind auch getan?

Die Faszination, die Farben um uns herum zu malfähigen Substanzen zu verarbeiten, begleitet uns schon seit Urzeiten. Man denke nur an die Höhlenmalereien von Lascaux, die irgendwann in der jüngeren Altsteinzeit entstanden sein müssen.

Woraus bestehen Aquarellfarben?

Farben auf der Basis wasserlöslicher Bindemittel gibt es schon seit Jahrhunderten. Doch sahen sie etwas anders aus.

Die Pigmente wurden meist mit gummibasierten Bindemitteln, wie den schon damals bekannten Saft der Akazie, des Gummiarabikums oder wasserlöslichen Hautleim, gebunden und als Klumpen angeboten. Diese „Pigmentkugel" konnte der Künstler nun wie ein Stück Hartkäse reiben und mit Wasser vermischt anwenden. Erst 1766 entdeckte der Lehrling eines Farbenhändlers, William Reeves, dass die Pigmente mit der Gummiarabikumbindung nicht austrocknen, wenn man etwas Honig hinzufügte.

Weitere 66 Jahre vergingen, bis der Chemiker Winsor und der Künstler Newton entdeckten, dass die Zugabe von Glycerin ein direktes Arbeiten aus dem Näpfchen, so wie wir es heute kennen, möglich machte.

Mein Weg zur eigenen Farbe

Ich bin eines dieser Kinder, die stundenlang nicht anderes tun wollten, als mit Farben zu spielen, Beeren zermatschte und bunte Steine sammelte. Doch umso älter ich wurde, desto mehr konzentrierte ich mich auf das Leben an sich. Meine Leidenschaft für das Malen und die Farben rückte in den Hintergrund, hatte kaum Platz in meinem Alltag.

Text und Bilder von Madeleine Zülke @_frau_von_bommel_art_

Doch irgendwann vor zwei Jahren beschloss ich für mich, auch meiner Kreativität wieder einen festen Platz im Alltag zu geben, eine Berechtigung, genauso wichtig zu sein wie alle anderen Alltäglichkeiten.

Weil nach jahrelangem Ignorieren fast alle meine Acrylfarben eingetrocknet waren, brauchte ich einen Neuanfang. Ich kaufte mir, fasziniert von der Ergiebigkeit und Strahlkraft der Farben in den kleinen Näpfchen, meinen ersten Aquarellkasten. Und begann zu malen und zu malen. Stunde um Stunde, Monat für Monat verging und ich konnte nicht mehr aufhören. Es kamen noch viele andere Farben verschiedenster Anbieter dazu. Ich probierte mich durch Tuben, Näpfchen, granulierende Farben und entdeckte jeden Tag neue Möglichkeiten.

Irgendwann kam der Zeitpunkt, an dem ich mich zu fragen begann, wie das ganze eigentlich funktioniert und wieso Aquarellfarben so verschiedene Eigenschaften haben können?

Am Anfang war es nur ein Hobby

Wahrscheinlich war es ein wenig Schicksal oder eben der große Vorteil von Instagram – ich fand eine Gleichgesinnte. Mit Nicola (@lellemaris) betrat ich ein bisher unbekanntes Terrain. Gemeinsam durchstöberten wir die große weite Welt der Bücher, des Internets und der Erfahrungen der „Paintmaker", um uns jede Menge Wissen anzueignen. Unser Ziel war es damals, einen Kasten mit 24 eigenen Aquarellfarben zu entwickeln, den es nur zweimal in dieser Form auf der Welt gibt. Ihren und meinen, jeder mit 12 Farben.

Zwischendurch gab es diese Momente, in denen ich der festen Überzeugung war, dass ich das nie im Leben schaffe. Dieses Gefühl habe ich öfters mal, bevor ich mich neuen Herausforderungen stelle – vielleicht kennst du das ja auch.

Doch nach Monaten an Experimenten, Fehlversuchen und Erfolgen haben wir es geschafft. Es gibt den geliebten Aquarellkasten – und mittlerweile noch so viele Farben mehr.

Mit der Herstellung der Aquarellfarben zu beginnen und mit ihnen zu illustrieren, eröffnete mir eine neue kleine große Welt. Pigmente, ihre Eigenheiten und spannenden Geschichten kennenzulernen, scheinbar längst vergessene alte Schätze wieder zu entdecken und im traditionellen Verfahren mit meinen eigenen Händen zu erschaffen, ist etwas, das mein Leben im wahrsten Sinne bunter macht.

Doch am meisten freue ich mich darüber, die Farben nun auch in euren Bildern entdecken zu können und zu bestaunen, was aus ihnen entsteht. In meinem Etsy-Shop biete ich regelmäßig stark limitierte Farbnäpfchen an. Über meinen Instagramkanal (@_frau_von_bommel_art_) erfährst du, wann es wieder welche gibt.

Terrazzo Baumschmuck

DIY Anleitung von @hanna_wol

Vorbereitung

Knete deine Modelliermasse als Erstes ordentlich durch, um sie weicher für die Verarbeitung zu machen. Suche dir dann ein paar Gewürze aus, mit denen du im nächsten Schritt deine "Terrazzo Chips" färben wirst. Ich habe Kakao, Pfeffer und Paprika edelsüß verwendet.

Trenne drei kleinere Teile deiner Modelliermasse ab und vermische sie mit jeweils einem deiner Gewürze. Knete die Masse so lange, bis sich das Gewürz gleichmäßig verteilt hat, und forme kleine Kugeln daraus. Achte darauf, zwischendurch deine Hände gut zu waschen, damit die Farbe der Gewürze nicht auf die anderen Kugeln abfärbt!

Ausrollen der Modelliermasse

Als Nächstes rollst du die Kugeln mit einem Nudelholz oder Acrylroller auf deiner Arbeitsfläche dünn aus. Achte auch hier darauf, das Nudelholz nach jedem Ausrollen gründlich zu waschen, damit besonders deine weiße Modelliermasse sich nicht verfärbt!

Text und Bilder von Hanna Wolter @hanna_wol

Materialien:

- Weiße Modelliermasse (ofenhärtend oder lufttrocknend)
- Gewürze (z. B. Kakao, Pfeffer, Zimt, Kurkuma, Curry, Paprika edelsüß)
- Plätzchen-Ausstechformen
- Nudelholz oder Acrylroller
- Zahnstocher
- Ofenblech
- Backpapier

Terrazzo Chips verteilen

Jetzt kommt der schönste Teil: Verziere deine weiße Modelliermasse mit bunten Terrazzo Chips! Dafür reißt du kleine Stücke aus den Gewürzmischungen und verteilst sie auf der weißen Masse. Je "kantiger" du die bunten Stücke reißt, desto schöner wird der Terrazzo-Effekt. Drücke am Ende vorsichtig mit dem Nudelholz die Terrazzo Chips in die weiße Masse ein.

Anhänger austechen

Mit den Plätzchenformen deiner Wahl stichst du nun die Anhänger aus der Modelliermasse aus. Für runde Anhänger kannst du auch ein Glas verwenden. Lege die fertigen Anhänger auf ein Ofen-Blech mit Backpapier und steche mit einem Zahnstocher ein kleines Loch in jeweils eine obere Ecke, damit du die Anhänger später aufhängen kannst.

Ab in den Ofen!

Wenn du lufttrocknende Modelliermasse benutzt hast sollten die Terrazzo-Weihnachts-Anhänger 24 Stunden auf dem Backblech bei Raumtemperatur trocknen. Anhänger aus ofenhärtender Modelliermasse kommen für 30 Minuten bei 110 Grad in den Ofen. Lass die Anhänger anschließend abkühlen und fädle sie mit einem Faden oder einem Band auf. Viel Spaß beim weihnachtlichen Dekorieren!

Emily

Lischke

@milly.montag

Dresden

www.millymontag.de

Bester Ratschlag, den ich einmal bekam

Geh raus in die Welt und probier dich aus, nach Hause kommen kannst du immer.

Das ist meine Vision

Revival of the Töpferkurs! Mit Social Media, Netflix und Co haben viele von uns regelmäßige Hobbys verloren, außer vielleicht Sport. Ich möchte Leute motivieren kreative Hobbys wieder in ihre, Woche zu bringen. Wie früher bei uns auf dem Dorf, wo man dann Donnerstagabend um 19 Uhr beim Töpferkurs war. Daher natürlich auch die #montagsletterei.

About me

Ich bin Emily aka. Milly Montag. Das kannst du Montag oder Montäg aussprechen, ich bin nämlich deutsch-britischer Herkunft. Außerdem chaotische Katzenmama, äußerst vergesslich und Herbst-Wetter-Liebhaberin. Ingenieurin & Marketing Managerin am Tag, Buchstaben-Malerin und Tausend-Ideen-Umsetzerin bis spät in die Nacht.

and
at the end
of the
day your feet
should be
dirty, your hair
messy,
& your eyes
sparkling.

TAKE
small steps
AND THEN
celebrate them.

Phasen
kommen,
Phasen
gehen,
DIE
Kreativität
bleibt.

ALWAYS
GIVE
more
THAN YOU
get

PESTO
ALLES IN DEN Mixer
2 TASSEN Basilikum
2 TASSEN Pinienkerne
2 ZEHEN Knoblauch
1/2 TASSE Olivenöl DAZU
& weiter mixen
WENN CREMIG,
1/2 TASSE geriebenen
Parmesan
UNTERHEBEN
lecker

Travelling
makes
your heart
grow

Hinter jedem großen Künstler liegen 1000 zerrissene Skizzen

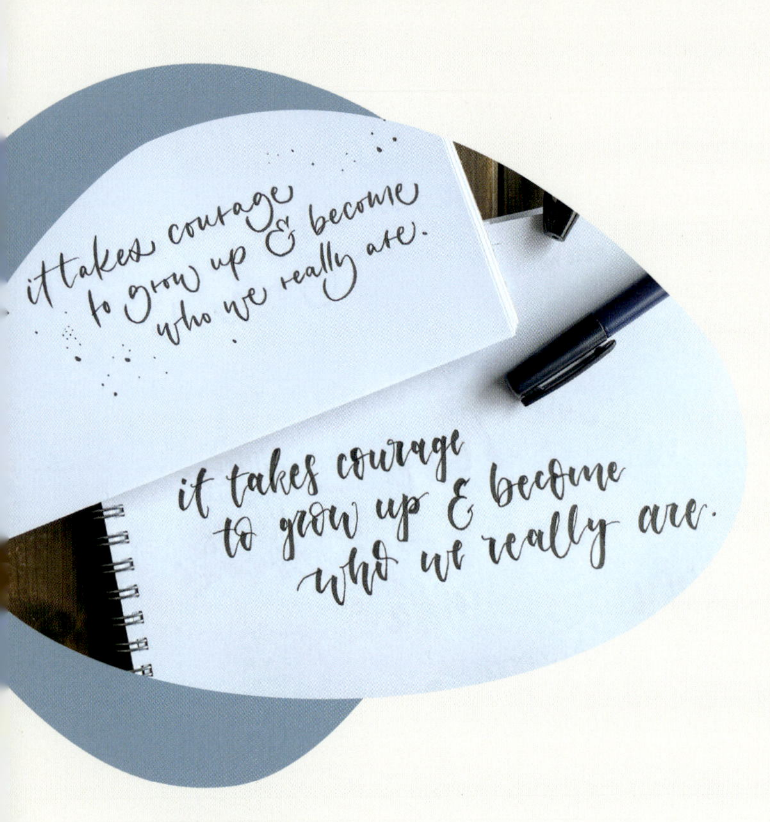

Wie kannst du das einfach so? Wie machst du das? Das schreibst du da gerade mal so hin?! Nein! Nein, ich kann und schreibe das nicht einfach so. Wie ich das mache?

Zeit, Fleiß, Lust, Disziplin, Menschlichkeit.

Ich weiß, das klingt immer ernüchternd, wenn jemand sagt, dass hinter Talent auch immer viel Arbeit steckt. Aber wieso eigentlich?

Ich habe wohl 2015 das erste Mal von diesem Lettering gehört. Als Mädchen, das auch in der Schule schon einen Schönschreibfüller hatte, in der Grafikausbildung das Fach Typografie am interessantesten fand und immer mal wieder Kalligrafie machen wollte, wusste ich, das ist genau meins! Also habe ich mir natürlich sofort drei Tombow Fudenosuke gekauft und losgelegt. Ihr wisst was jetzt kommt… Es war keineswegs automatisch einfach so meins. Das sah überhaupt nicht aus wie das, was ich auf Pinterest & Co gesehen hatte. Ich war nicht wirklich zufrieden mit den Ergebnissen und habe sie erst mal niemandem gezeigt.

Als Lettering auch in Deutschland so richtig zur Community wurde, habe ich jeden Trend, jeden Brushpen, jedes neue Tool gekauft und ausprobiert. Aber es sah auf dem Papier einfach nicht so aus wie in meinem Kopf. Vor allem bestimmte Buchstaben wollten nicht aus den Stiften herauskommen. „Okay, okay, back to basics", dachte ich! Ich renne morgen auch keinen Marathon, egal wie gut und teuer meine Sportklamotten sind, wie passioniert ich im Laufen bin (gar nicht) oder wie viel Talent ich darin habe.

In einem kleinen Schreibwarenladen im Urlaub kaufte ich mir einen A5 Skizzenblock. Zusammen mit einem schwarzen Fudenosuke war er dann immer mit dabei, vor allem abends auf dem Sofa. Ich habe also ungelogen seitenweise abends beim Fernsehen b's abgeguckt, abgeschrieben, ausprobiert. Und weil einem nicht jeden Abend ein toller neuer Spruch einfällt, habe ich Gemüsesorten, Obstsorten, Farben, Herbstwörter, Blumen und vieles mehr geschrieben.

Text und Bilder von Emily Lischke @milly.montag

Ich habe diesen Block nicht immer zufrieden zugeklappt! Aber ich habe ihn immer wieder aufgemacht.

Inzwischen verstehe ich, was man da macht: Muskeln trainieren. Genauso wie Sportler. Komischerweise sagt niemand zu einem Marathonläufer oder auch zu einem Musiker: „Das läuft/spielt der einfach mal so?!“ Warum erwarten wir das also von Lettering-Künstlern? Warum reden wir bei anderen von Training und Übung, beim Lettern aber meist nur über Talent? Für jedes tolle instagrammable Lettering liegen hochgerechnet über fünf Skizzen im Müll. Bei jedem Talent! Aber die zeigen wir nicht. Vielleicht sollten wir das mehr tun, vielleicht ist es aber auch menschlich, nur das zu zeigen, womit man selbst zufrieden ist.

Und jetzt, 2021? Jetzt kann ich wirklich irgendeinen Stift nehmen und „einfach mal so“ ein schönes B schreiben. Das macht mich stolz. Wenn ich diesen alten Block durchblättere, macht er mich stolz. Weil ich endlich mal diszipliniert war, endlich mal was so richtig gemacht habe. So lange, bis ich zufrieden war. Und jetzt möchte ich euch noch einen Gedanken mitgeben, den ich auch immer am Ende meines Workshops sage:

Der 34. Brushpen macht deine Buchstaben nicht besser, das teure Papier auch nicht, aber Seiten voller Brokkoli, Blumenkohl, Lila und Rasenmäher vielleicht schon.

Und am Ende macht es euch verdammt stolz!

Annett

Wötzel

@wortlove31

Jena

Das ist meine Vision

Mit meiner Liebe zu Wörtern nicht nur mich, sondern auch andere Menschen erfreuen und inspirieren.

Bester Ratschlag, den ich einmal bekam

Höre auf dein Herz!

Damit habe ich mein erstes Geld im Business verdient

Eine Grußkarten-Serie bei Edition Gollong.

Du
bekommst
nur einen kleinen
Funken
Verrücktheit
verliere
ihn nicht.
Robin Williams

Tell Me,
what is it
you
plan to do with
your one
- Wild -
and precious
Life?
Mary Oliver

Die
- Kunst -
eines erfüllten
Lebens
ist die
Kunst des Lassens:
Zulassen -
Weglassen -
Loslassen.
Ernst Ferstl

ES
GIBT NUR
EINE
MEDIZIN
GeGen
– GROßE –
SORGEN:
Kleine
FREUDEN.
KARL HEINRICH WAGGERL

FREIHEIT
BEDEUTET,
DASS MAN
NICHT
unbedingt
ALLES SO
MACHEN
MUSS WIE
ANDERE
MENSCHEN.
ASTRID LINDGREN

ES IST
EIN
ZUG
DER
Kindheit,
AUS
ALLEM
ALLES
MACHEN
ZU
KÖNNEN.
GOETHE

DER
Herbst
IST DER
F·R·Ü·H·L·I·N·G
D E S
Winters.
HENRI DE
TOULOUSE-LAUTREC

Mareike

Urban

@heavyweightpaper

Münster

www.heavyweightpaper.de

Bester Ratschlag, den ich einmal bekam

Das einzig Stete ist der Wandel. Veränderung ist gut und öffnet neue Türen – man muss sich nur darauf einlassen.

Wenn ich ein anderes Talent wählen könnte...

Ich wäre total gerne handwerklich begabter – wenn ich z. B. schreinern oder tischlern könnte, würde ich gerne alles selbst bauen!

Das ist meine Motivation

Die liebevollen Nachrichten und das tolle Feedback zu meiner Arbeit motivieren mich am meisten. Dass einige Menschen durch mich wieder zum Malen gekommen sind und etwas von mir gelernt haben, ist das allergrößte Kompliment. Diese Freude in Form von Workshops weiterzugeben, ist mein Traum.

FRAU HÖLLE & da Vinci FLORALS EDITION

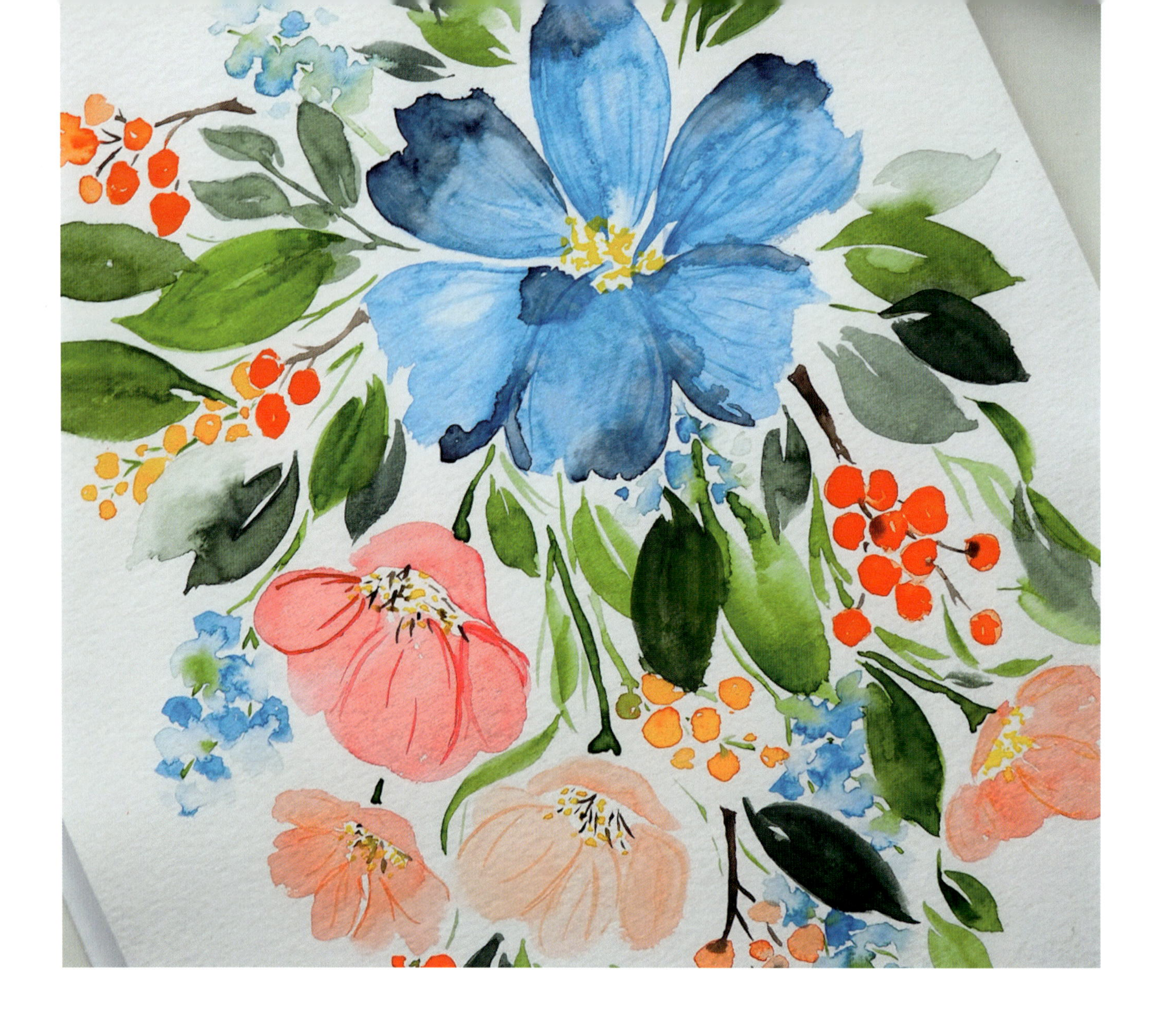

Philipp
„Gott verspricht:
Ich vergesse dich niemals.
Ich habe dich eingezeichnet
in meine Hände."

INHALE
stars
EXHALE
sky

grow, girl

Mit Stanzen stempeln

DIY Tutorial von @angi_schnipselschnecke

Ich möchte dich ermutigen, neue Dinge auszuprobieren. Stanzen sind eigentlich nicht zum Stempeln gedacht, aber was spricht dagegen? Ich zeige dir in diesem Tutorial zwei Beispiele, wie du damit individuelle DIY Karten gestalten kannst.

Für diese Art von Karte könnt ihr jede Stanze nehmen, die euch gefällt. Sie sollte sich zumindest irgendwie greifen lassen, damit man sie gut ins Stempelkissen drücken kann, ohne sich dabei die Finger komplett vollzuschmieren. Je mehr Details die Stanze hat, desto interessanter wird es natürlich. Ich habe einen kleinen Magnet zur Hilfe genommen, um die Stanze besser in die Hand zu nehmen.

Die Stanze wird gut mit Stempelfarbe eingefärbt bis ihr überall auf den Stanzlinien die Farbe verteilt habt. Die Linien, die auf dem Papier entstehen, sind sehr fein und nicht so dick wie von einem Stempelabdruck – eher wie eine vorgezeichnete Kontur.

Die Stanze nun vorsichtig auf einem Stück Papier positionieren und gut festdrücken. Aufpassen, dass die Stanze nicht verrutscht.

Text und Bilder von Angela Wetzel @angi_schnipselschnecke

Material

- Stanzen (z. B. von Renke)
- Wasserfestes Stempelkissen (z. B. Archival Ink Jet Black)
- Weiche Unterlage (z. B. Moosgummi)
- Blanko-Karte
- Ahle oder eine Nadel
- Garn, Faden oder dünnes Band
- Aquarellfarben
- Trockenblumen
- Abstandsklebepads

Da wasserfeste Stempelfarbe schnell trocknet, könnt ihr anschließend schon das Motiv kolorieren, ohne, dass die Konturen verlaufen. Lasst eurer Kreativität freien Lauf. Es muss ja nicht immer perfekt sein.

Für das Marmeladenglas habe ich mir noch ein 3D Element überlegt und benutzte etwas Garn, was ich am oberen Rand des Glases verknote. Dazu steche ich vier Löcher mit einer Ahle oder einem spitzen Gegenstand in den Rand des Abdrucks und ziehe dort das Garn durch.

Trockenblümchen wandern auch in das „Glas", indem ich sie unter dem Garn durchstecke. Mit einem kleinen Etikett werden die Blumen unsichtbar befestigt. Das Etikett habe ich für den 3D Effekt mit kleinen Abstandsklebepads angebracht.

Das Papier mit eurem Motiv könnt ihr jetzt zurechtschneiden, falls ihr das nicht schon getan habt, und es mit Abstandsklebepads auf eurem Kartenrohling befestigen.

Ich benutze gerne bei Karten zusätzlich noch ein zurechtgeschnittenes Papier, das etwa 0,5 cm kleiner ist als der Kartenrohling. So erhält die Karte mehr Stabilität und sieht wertiger aus. Außerdem kann ich mit Abstandsklebepads z.B. das Garn, was auf der Rückseite etwas dicker aufträgt, kaschieren.

Weitere Inspiration

#HANDLETTERING
COMMUNITY
MEIN PLAN ist euch HEIL zu geben & kein Leid. ICH gebe euch Zukunft UND HOFFNUNG
JEREMIA 29,11
Home sweet home
hello little one
HAKUNA matata
hallo Emelia
DEINE KREATIVE Wellness Zeit
Life is tough BUT SO ARE you
ALWAYS STAY HUMBLE AND KIND
Strength HEALTH
LETTER TIMES
Bloom
BE wild & free LIKE THE SEA
MAKE YOURSELF A PRIORITY
pastellfuchs
ICH HABE Wein GERETTET, DER ARME WAR IN EINER Flasche GEFANGEN!
Save the date
Ocean VIBES
BLACK LINER
Jesus Christus spricht: „SEID barmherzig, WIE AUCH EUER VATER barmherzig IST"
OHNE Regen GIBT ES KEINEN Frühling
for you
WHEN IT RAINS LOOK FOR rainbows WHEN IT'S DARK LOOK FOR stars
dank bar keit
Zeit für SPUREN im Sand
Reise
RIDE AND SHINE
ICH BRAUCHE MEHR Meer
MEIN Erlöser LEBT
MANCHMAL SOLLTE MAN SICH LIEBER Nudeln STATT Sorgen MACHEN
wild & free
God's gonna work it out
VIELEN DANK
BE a flamingo IN A FLOCK OF pigeons
LOVE hanging WITH YOU!
1
2
3
4
5
6
7
8
9
10
11
12
13
14
15
16
17
18
19
20
21
22
23
24
25
26
27
28
29
30
31
32
33
34
35
36
37
38
39
40
41
42
43
44
45

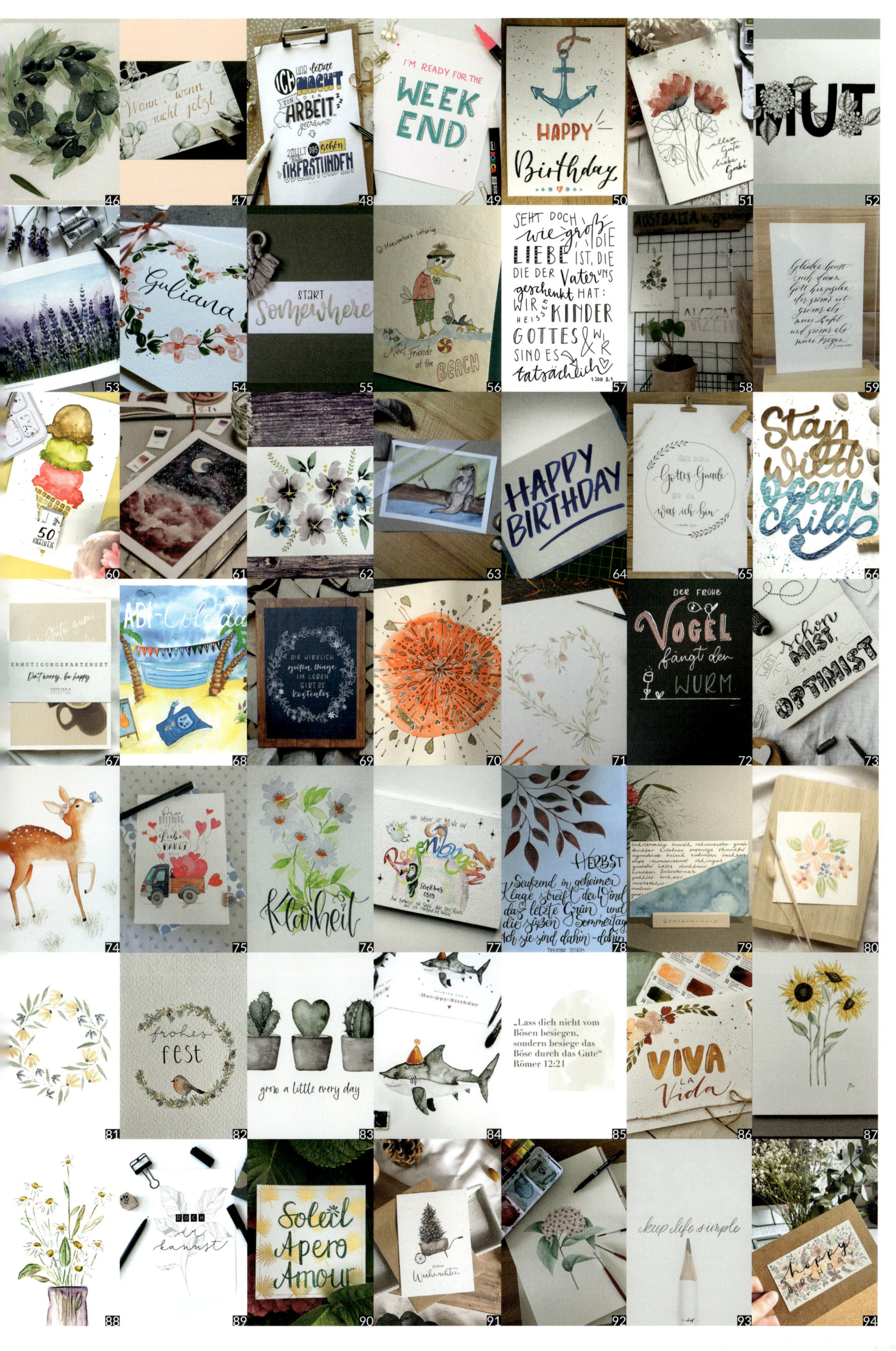
Wann, wenn nicht jetzt
ICH HAB LETZTE NACHT VON DER ARBEIT geträumt
ZÄHLT DAS schon ÜBERSTUNDEN
I'M READY FOR THE WEEKEND
HAPPY Birthday
alles Gute liebe Gabi
MUT
Guliana
START Somewhere
Meet Friends at the BEACH
SEHT DOCH wie groß DIE LIEBE IST, DIE DIE DER Vater UNS geschenkt HAT: WIR HEISSEN KINDER GOTTES & WIR SIND ES tatsächlich
1. JOH 3,1
HAPPY BIRTHDAY
ABER DURCH Gottes Gnade BIN ICH, was ich bin
Stay Wild ocean child
ERMUTIGUNGSKARTENSET
Don't worry, be happy
ABI-Colada
DIE WIRKLICH guten Dinge IM LEBEN GIBT ES kostenlos
DER FRÜHE VOGEL fängt den WURM
schon MIST, OPTIMIST
Klarheit
Regenbogen
HERBST
Seufzend in geheimer Klage streift der Wind das letzte Grün und die süßen Sommertage ach sie sind dahin - dahin
THEODOR STORM
frohes fest
grow a little every day
Happy Birthday
„Lass dich nicht vom Bösen besiegen, sondern besiege das Böse durch das Gute“
Römer 12:21
VIVA LA Vida
DOCH du kannst
Soleil Apero Amour
Weihnachten
keep life simple
happy birthday
46
47
48
49
50
51
52
53
54
55
56
57
58
59
60
61
62
63
64
65
66
67
68
69
70
71
72
73
74
75
76
77
78
79
80
81
82
83
84
85
86
87
88
89
90
91
92
93
94

Instagram-Accounts der Community-Beiträge

1. Schlaufuchsdesign
2. _luna_anna
3. a.rt_poetry
4. anja007007
5. curafina.de
6. d.annika
7. dajana_baut_und_malt
8. de.paintje
9. design_auf_der_erbse
10. fonts.love
11. Himmelsteil
12. jules_kreatives_glueck
13. ka.le.ho.kreativ
14. kat_vocado
15. letter.times
16. li_creates_
17. lucas.jasmin
18. marion_kaiser_art
19. miris.lettering.liebe
20. natalie.shellen
21. Pastellfuchs
22. redfox_lettering
23. rikreativ
24. schriftundmeer
25. sonnenbluemle
26. sonnenschein_ute
27. utesletters
28. vintagebiscuit
29. anotterbujo
30. charlotte_v_steib
31. crea_keykey
32. eeeeenchen
33. fuerdichgestaltung
34. kay.in.art.studio
35. kre_JA_tiv
36. kreativkuenstlerin
37. poiema_lettering
38. sas.kia.lau
39. wildblumen.atelier
40. arteriaart
41. aims.handlettering
42. ausdrucksstark_art
43. barfussimgras.net_
44. bibi.kreativ
45. cariberry_watercolor_art
46. Connys.fotobuch
47. fetti2013
48. iinatii_lettering
49. laras_letteringdesign
50. lettering_pur
51. mako.let
52. melanieknapp.art
53. millasjournal.and.arts
54. mint.lettering
55. mintfulheart
56. Möwenherz.lettering
57. rahel.stgrwld
58. rebecca.inspire
59. tusche.feder.tina
60. lisalettering_
61. Jennifer.malt
62. pokitamo
63. kreativkleckserin
64. letteringlove70
65. madewithlove_deshop
66. mondkreativ
67. papeterie.kristina
68. sail.ence.art
69. simis_kreativzeit
70. Tinab
71. viel.seitig
72. fran_zi_1999
73. art_dreah
74. mossy.peach
75. lebesi.art
76. wellannettannett
77. me.marysart
78. petra_sixty
79. kreative_aus_zeit
80. jojowithlove

81. Aquarellblume
82. petra_br_sg
83. lenas.kreativzeit
84. _einfaltspinselei_
85. julettert
86. melli3.000
87. mottelotta
88. atelier.federwechsel
89. mitherzundseele_
90. Letternmitlinks
91. die.kunstletterei
92. claudias_creativ_stuff
93. elaskript
94. the.watercolor.world

Onlineshops

Lettering Material & Zubehör

www.letteritoutloud.com

@letteritoutloud
@createart.letteritoutloud

*10% auf das gesamte Sortiment**
mit dem Code TypeFaces10

**Bücher und Gutscheine ausgenommen*

www.schafproduction.de

@schafproduction

Papeterie & Accessoires

hints & kunst

www.hintsundkunst.de

@hintsundkunst

NANIQE

www.naniqe.com

@naniqe

10% auf das gesamte Sortiment
mit dem Code TYPEFACES10

Onlineshops

Papeterie & Accessoires

MEHRWERT DESIGN

www.mehrwertdesign.com

@mehrwertdesign

10% auf das gesamte Sortiment mit dem Code TYPEFACES10

PAPETERIE MIT HERZ

ANGELINA Grünwald

www.angelinagruenwald.de

@angelina.gruenwald

15% auf das gesamte Shop Sortiment mit dem Code TYPEFACES15

Cura fina

FINE ART DESIGN

www.curafina.de

@curafina.de

ELLY SPARKS

www.ellysparks.de

@elly_sparks

15% auf das gesamte Shop Sortiment mit dem Code TYPEFACES21

Onlineshops

Papeterie & Accessoires

www.herz-voll-konfetti.de
@herz.voll.konfetti

JOOEE
design

Etsy: jooeeDesign
@jooee.design

www.letteringimstall.de
@lettering_im_stall

KRISTINA
et moi

www.kristina-et-moi.com
@kristinaetmoi

Danke & bis bald

Ich hoffe, dass wir dich mit dieser TYPEFACES Ausgabe inspirieren konnten, selbst mal wieder kreativ zu werden und du ermutigt wurdest, an deine Träume zu glauben.

Wenn dir das Magazin gefallen hat und du dir weitere Ausgaben wünscht, kannst du uns folgendermaßen unterstützen:

1. Folge uns auf Instagram

Auf unserem Account @hintsundkunst erfährst du, sobald die nächste Ausgabe in Planung ist und kannst außerdem unsere sonstigen Projekte mitverfolgen.

2.Verschenke TYPEFACES

Du bist noch auf der Suche nach einem Geschenk für eine kreative Freundin oder einen begabten (Schrift-)Künstler? Verschenke Inspiration & Motivation in Form dieses Magazins!

3. Erzähle uns von deinen Lieblingskünstlern

Für kommende Ausgaben nehmen wir wieder gerne Tipps & Ideen an, wer gut zu TYPEFACES passen würde. Sei es in Form eines Künstlerprofils, DIY Tutorials oder Themen-Beitrags/Interviews.

4. Teile deine Begeisterung

Wenn du von den Inhalten und der Gestaltung von TYPEFACES begeistert bist, teile deine Gedanken dazu gerne mit dem #typefacesmagazine auf Instagram. So können noch mehr Menschen vom Magazin erfahren und sich begeistern lassen!